U0899824

网络化研发成员内部组织结构创新研究

Research on the Innovation of Internal Organizational Structure of Networking R&D Members

宿慧爽 著

教育部人文社会科学研究青年基金项目“网络化研发组织成员的内部组织结构创新研究”（项目编号：12YJC630176）
教育部“春晖计划”合作科研项目“研发网络结点组织结构创新的中日比较研究”（项目编号：S2014016）
资助

科学出版社
北京

内 容 简 介

本书梳理了合作研发、组织结构创新、界面管理的相关研究文献，界定了网络化研发组织的基本概念，针对目前较为常见的网络化研发成员内部组织结构存在的问题，归纳和剖析了网络化研发成员内部组织结构创新的影响因素，重点论述了其中的关键因素及作用机理，进而对网络化研发成员内部组织结构界面予以识别及管理，在此基础上提出了网络化研发成员内部组织结构创新的主要方式并进行相应评价，最后提出网络化研发成员内部组织结构创新的保障措施。

本书体系科学、深度适宜，可供高等院校管理类专业师生及相关研究机构人员使用，也可供有关企业管理人员参考。

图书在版编目（CIP）数据

网络化研发成员内部组织结构创新研究 /宿慧爽著. —北京：科学出版社，2017.6

ISBN 978-7-03-053809-3

Ⅰ. ①网… Ⅱ. ①宿… Ⅲ. ①企业-技术开发-组织结构-研究 Ⅳ. ①F273.1

中国版本图书馆 CIP 数据核字（2017）第 140639 号

责任编辑：李　莉 / 责任校对：杜子昂

责任印制：吴兆东 / 封面设计：无极书装

科 学 出 版 社出版

北京东黄城根北街 16 号

邮政编码：100717

http://www.sciencep.com

北京建宏印刷有限公司 印刷

科学出版社发行　各地新华书店经销

*

2017 年 6 月第　一　版　开本：720×1000　1/16

2017 年 6 月第一次印刷　印张：8 3/4

字数：191 000

定价：58.00 元

（如有印装质量问题，我社负责调换）

作者简介

宿慧爽，女，管理学博士，博士后，吉林财经大学亚泰工商管理学院副教授、硕士生导师。2015年获长春市第六批有突出贡献专家称号，享受长春市政府特殊津贴。近年来，主持教育部人文社会科学研究青年基金、教育部“春晖计划”等8项科研项目；作为主要参加人参与国家自然科学基金青年科学基金、教育部人文社会科学研究规划基金等近20项科研项目。在《中国行政管理》《图书情报工作》等期刊发表论文近30篇，出版著作/教材3部，获吉林省第十届社会科学优秀成果奖论文类一等奖和第六届长春市社会科学优秀成果奖论文类二等奖各一项。

目　　录

第 1 章　绪论……1

1.1　研究背景及意义……1

1.2　国内外研究现状……3

1.3　研究目标及内容……26

第 2 章　相关理论基础……29

2.1　网络化研发组织的概念及特征……29

2.2　组织结构创新的内涵……32

2.3　界面及界面管理的界定……34

第 3 章　网络化研发成员内部组织结构现状分析……37

3.1　网络化研发组织的类型及成员构成……37

3.2　网络化研发成员内部组织结构现状及其存在问题分析……42

第 4 章　网络化研发成员内部组织结构创新的影响因素分析……51

4.1　网络化研发成员的网络位置……52

4.2　网络化研发成员的边界模糊性……55

4.3　网络化研发成员的战略导向……57

4.4　网络化研发组织模式……58

4.5　网络化研发成员规模……59

4.6　网络化研发成员技术复杂程度……60

4.7　网络化研发成员面临的环境……61

4.8 网络化研发成员的发展阶段……63
第 5 章 网络化研发成员内部组织结构创新关键影响因素及其作用机理分析……64
5.1 网络化研发成员网络位置对其组织结构创新的影响机理分析……64
5.2 网络化研发模式对成员组织结构创新的影响机理分析……77
5.3 网络化研发成员战略导向对其组织结构创新的影响机理分析……80
第 6 章 网络化研发成员内部组织结构界面识别及管理……85
6.1 网络化研发成员内部组织结构界面识别……86
6.2 网络化研发成员内部组织结构界面管理……92
第 7 章 网络化研发成员内部组织结构创新设计及评价……96
7.1 网络化研发成员内部组织结构创新设计……96
7.2 网络化研发成员内部组织结构创新评价……106
第 8 章 网络化研发成员内部组织结构创新的保障措施……108
8.1 搭建现代管理信息系统……108
8.2 引入阶段审核验收环节……109
8.3 完善员工绩效考核体系……111
8.4 提升项目经理综合能力……112
8.5 优化组织内外沟通机制……114
第 9 章 研究结论与展望……116
9.1 研究结论……116
9.2 研究展望……117
参考文献……119

第1章 绪　　论

1.1 研究背景及意义

1.1.1 研究背景

随着知识经济时代的到来，在市场竞争日益激烈、行业生命周期不断缩短、技术复杂性程度日益增长、技术快速变迁、研发高成本和高风险等背景下，创新主体必须以更快的速度研发出更为先进、更为复杂也更能满足竞争需要的知识和技术，以维持和增强其市场竞争能力，因此创新主体合作研发的需求越来越强烈，网络化研发组织应运而生。网络化研发组织是由多个组织为了共同的研发目标，在保持各自相对独立的前提下，基于市场机遇、技术发展等需要在一段时期内联合起来形成的一个较为稳定的研发合作共同体。网络化研发组织的出现不仅加速了网络化研发成员由封闭式创新向开放式创新的转变，而且有助于网络化研发成员缩短研发周期、降低研发成本、分散研发风险和提高研发能力，更好地实现知识的有效管理，同时也使成员之间充斥着复杂的关联性、联结性和竞争性，成员内部的价值、学习等间隙也随之扩展。因此网络化研发组织已逐步发展成为创新主体应对严峻的市场和技术环境、获取更大竞争优势的重要研发组织形式。随着网络化研发组织的快速发展和所处内外环境的不断变化，网络化研发成员在信息沟通和共享、资源优化配置、职责和权限认定、项目团队成员构成及工作安排等方面的问题也逐渐显现，上述问题存在的根源主要是作为网络化研发成员运行载体和支撑的组织结构不能很好地适应网络化研发的需要。因此，有必要对网络化研发成员内部组织结构创新进行深入、系统的研究。

1.1.2 研究意义

1. 理论意义

现有关于合作研发组织的研究成果较为丰富，研究视角较为广泛，不仅涉及合作研发组织的建立动因、运行方式、决策机制、合作绩效、模式选择，而且涉及合作研发成员间的利益分配机制，成本及风险分担机制，资源配置机制，信任关系建立，知识共享、溢出及转移，等等，但对合作研发组织中的基本构成单元即成员关注较少，而对于作为组织运作的载体即组织结构，更鲜有研究。网络化研发成员内部的组织结构设置不仅会影响内部个体、团队、部门参与研发合作的意愿、相关资源的配置等，而且会影响成员间协调机制的建立、知识流动的速度，进而影响研发合作组织整体目标的实现程度。虽然学术界对组织结构的研究起源较早，并且成果丰硕，但相关研究对象多数是单一组织，成员作为网络化研发组织的结点，不仅需维持自身的运营，而且承担着网络化研发项目的工作，与其他成员间关系较为复杂。因此，其组织结构创新不仅要考虑内部构成要素及要素间关系，还应考虑与其他成员间的关系、在网络化研发组织中承担的责任、分配的任务及所处的网络位置等。而现有的研究成果难以为网络化研发成员内部的组织结构创新提供理论依据。此外，网络化研发组织所实施的研发项目不仅具有项目的一般特征，而且涉及的利益相关者较多，导致成员内部的组织结构界面数量众多、类型多样，成员若仍保留原有的组织结构而不进行创新，则难以为成员内部组织结构界面的管理及整合提供有效的支撑，同时也难以保证合作研发过程中知识的有效溢出和合作研发目标的顺利实现。现有的界面研究主要是应用实证研究的方法对界面成因进行探究，从知识、价值和风险等方面对界面进行管理，但较少考虑界面类型的多样性以及界面与界面之间的制约与影响。总体来看，现有的相关理论已难以对实践中网络化研发成员的组织结构与网络化研发不匹配的问题进行合理的解释及有针对性的指导。因此，对网络化研发成员内部组织结构创新进行研究在一定程度上不仅将丰富和拓展现有的组织结构理论，而且将推动界面管理理论由分散走向整合。

2. 实践意义

不同的企业、学校及其他形式的研究组织所形成的愈发结构化和频繁交互的网络等已逐渐成为企业创新系统获取竞争优势的根本（Sala et al.，2011）。基于此，目前，我国众多的企业、科研院所等联合形成规模不等的网络化研发组织。相比于一般的合作研发组织，网络化研发成员间关系，成员内部工作任务分配、行为特征、能力要求等更为复杂，这就要求成员内部组织结构不仅要支撑自身的运营，还需适于网络化研发组织的运转，否则易产生项目团队人员积极性不高、资源配置不合理、信息沟通不畅、成员对网络化研发组织嵌入性不够、成员间信任度不高等一系列问题，进而影响网络化研发项目的顺利实施。因此，在技术高速发展、知识日新月异、市场竞争日趋激烈的背景下，对网络化研发成员内部组织结构创新进行研究，有助于国内企业通过创新内部的组织结构融合组织内外资源，更好地适应网络化研发活动的新特点、新趋势及更好地提升自身的自主创新能力。

1.2　国内外研究现状

为全面掌握与选题研究领域密切相关的国内外研究现状，现分别从合作研发、组织结构创新、界面管理方面进行文献综述。

1.2.1　关于合作研发的国内外研究现状

在对相关文献进行梳理后发现，学术界关于合作研发的研究主要从合作研发及相关组织形式的概念界定、合作研发的动因、合作研发伙伴选择的影响因素、研发效率的影响因素等方面展开。

1. 合作研发及相关组织形式的概念界定

国内对合作研发的界定最初源于合作创新。傅家骥（1998）认为合作创新是指企业间或企业、研究机构、高等院校之间的联合创新行为。合作创新通常以合作伙伴的共同利益和风险分担为基础，以资源共享或优势互补为前提，有明确的合作目标、合作期限和合作规则，合作各方在技术创新的全过程或某些环节共同投入、共同参与、共享成果、共担风险。合作创新一般集中在新兴技术和高新技术产业，以合作进行研究开发为主要形式。刘学和庄乾志（1998）认为合作创新是指技术供给方与技术需求方作为独立的经济行为主体，以技术合同为基础，依照各自的优势分担技术创新不同阶段所需的投入资源，组织技术创新活动，按照合同事先确定的方式分摊创新风险和分配创新收益的合作过程。郭晓川（1998）指出合作创新是由多个企业（在很多情况下也吸收部分研究机构和大学加入）形成的技术合作契约关系，由多个企业共同投入资源，参与到一个创新过程中，然后基于共同的创新成果，再进行后续的差异化创新，是一种反复交易行为。而国外则与我国不同，合作研发界定得比较清晰，主要有以下两方面的原因：一是美国 1984 年通过的“国家合作研究法案”将合作限制在产品和技术的原型开发阶段，以避免企业在生产、销售阶段的勾结行为和最终产品市场上的垄断。二是西方发达国家产业发展水平较高，产品技术含量较高，企业的技术创新合作倾向于创新前期阶段，即研究开发阶段，而在创新后期即工程化、商业化阶段进行竞争，以实现产品的差异化。

合作研发的组织形式多样，包括技术创新网络、研发合作组织、研发联盟、技术联盟、研发网络等，上述组织形式的概念界定具有一定的相似性。例如，吴贵生等（2000）认为技术创新网络是企业为了获得创新所需的知识、信息和其他资源，与其他组织产生联系，进而形成影响创新的网络。Giuri 等（2002）指出研发合作组织是由两个以上的企业在保证各自经济权益的基础上形成的共同分享研发资源、承担研发风险的组织。Dinneen（1988）将研发联盟定义为由两家或以上的企业组成的共同进行研发工作并将研究成果直接转移给成员进行商品化的应用组织；Mothe 和 Queilin（2001）将研发联盟定义为企业间为了共同目标（如开发新产品、过程创新等）而进行的合作计划；纪宝成和杨瑞龙（2003）突破企业与市场二分法的制约，将研发联盟定义为企业间网络组织的一种形态，它的出现具有帕累托效率改进的意义，可以节省市场交易成本和科层组织成本；刘慧和吴晓波（2003）认为虚拟研发联盟是由许多企业为了一个特定的机会，利用现代信息和通信技术迅速组织起来的研发网络。陈宝明（2007）认为产业技术联盟是以产业技术进步为目标，由产业内两个或两个以上技术创新主体形成的互相联合致力于技术创新活动的组织；李建玲等（2014）根据国内外产业技术联盟实践，将产业技术联盟定义为：企业、高等院校、科研院所和其他组织机构共同参与，以创新发展需求为导向，以各方的共同利益为基础，以提升产业技术创新能力为目标，以契约关系为纽带，形成的联合研发、优势互补、利益共享、风险共担的新型技术创新与产业推动组织。研发网络是独立企业之间在知识生产过程中形成的各种正式与非正式合作关系的总体结构，是对合作知识生产的一种基本制度安排（Dhanasai and Parkhe，2006）。综合来看，上述合作研发组织形式均是不断演进的动态组织形式，它们的出现是成员基于信任、相互认同、互惠和优先权行使等所组成的关系系统，便于组织间学习的深入开展，同时对每个成员的责任、义务及合作领域进行了界定。

本书所研究的网络化研发组织与上述合作研发组织形式相似，均具有跨组织、跨边界的特性，但网络化研发组织强调的是成员间通过研发项目形成的网状链接结构，知识、技术、信息等随着网络化研发项目的实施在不同主体间流动进而产生协同效应，在使网络化研发项目得以有效进行的同时，成员自身的技术和创新能力也得到了提升。因此，网络化研发组织已日益成为合作研发的重要组织形式。

2. 合作研发的动因

合作研发动因的研究目前已引起众多学者的关注。学者们普遍认为合作研发过程中不可避免地会产生知识、信息、技术等各种资源的溢出，这是吸引企业等组织参与合作研发的根本动因。其中具有代表性的研究如下：Burt（2000）认为合作研发提供了“传输能力”（transmission capacity），使大量知识信息在成员间迅速扩散、相互对接，从而显著增强了参与合作研发企业的创新性产出。Goyal 和 Moraga-González（2001）、Goyal 和 Joshi（2003）、Cowan 和 Jonard（2004）、Meagher 和 Rogers（2004）则应用网络形成理论分析了基于研发合作所导致的组织间的知识溢出。知识的交流是合作研发组织内知识溢出的决定因素。但是，由于知识溢出和机会主义的存在，具有技术知识的企业不太倾向于参加研发合作。因为参与研发合作后，专有的技术知识可能会通过多种途径无意识地泄露给合作研发伙伴，这必定会威胁到企业自身的市场竞争地位甚至是生存（Gans and Stern，2003）。不可否认的是，知识溢出会给参与合作研发的组织带来多种风险，知识溢出的程度也会影响合作研发组织的发展规模和稳定程度，但是基于信任关系形成的合作研发组织内适当的知识溢出会促使成员间产生协同效应，从而增加合作研发组织的产出（Decourcy，2007）。

相关研究表明，获取互补性资源、分担研发成本、降低研发风险、获取合作收益等也是企业等组织积极参与合作研发的重要动因。例如，周珺和徐寅峰（2002）从资源利用的角度出发，认为获取互补资源、降低开发中的风险和成本、加快市场进入速度和保证创新组织的灵活性是研发网络建立的主要动力。与之相似的是，Bai 和 O'Brien（2008）认为组织参与合作研发的动因主要是为了分担成本、分散研发风险、共享技能和获得更大的市场份额。由于技术的复杂性和研究的多学科特性，企业内部的资源往往不足以支撑技术创新目标的实现。在无法通过知识交易进行改善的情况下，企业试图嵌入或组建不同类型的合作研发组织，以便能够利用合作主体的互补性资源来弥补自身资源的不足、获得协作收益（Grant and Baden-Fuller，2004）并提高创新能力，合作主体之间所具有的互补性资源是合作研发形成的关键驱动力和决定因素之一（Hagedoorn et al.，2000）。马如飞（2011）基于交易成本理论和资源基础理论，对企业的不同合作研发组织模式形成的原因进行了分析，认为研发资源缺乏是企业进行研发合作的主要动机。在与供应商和客户建立垂直研发合作时，企业主要是通过共用互补性的研发资源来获得更多的市场信息。由于处在供应链的不同位置，它们不是直接的竞争者，不会出现研发收益独占的情况，因此各主体间合作的风险相对较小。在与竞争者建立水平研发合作时，企业可以共用参与者的研发资源，交换利用它们各自的、专有的互补资产，缩减研发项目的成本、风险和时间，但是知识外溢的存在，可能会使合作者通过共用资源而产生复制，从而加剧竞争程度。因此，一般只有研发合作伙伴间具有特别强的共同兴趣或研发合作的目标是离市场化较远的基础研究项目时（Miotti and Sachwald，2003），竞争者间的水平研发合作才比较容易出现。党兴华和刘兰剑（2006）从产业技术生命周期与企业资源两个视角，探索跨组织技术创新合作的动因，认为当不确定性高于一定程度并伴随着高度的资产专用性时，跨组织合作才会出现。Gugler 和 Siebert（2007）通过对半导体产业的研究，认为参与合作研发可以使企业获得短期和长期规模经济，节省代理费用，获得范围经济，消除研发无效性以及扩大产品边界。李东红（2002）认为企业出于降低研发风险的考虑而有了与其他企业或组织共同开展研发合作的内在需求。刘洋等（2013）在对浙江省 4 个制造企业的多案例进行分析后，认为基于地理边界、组织边界、知识边界的研发网络的动态构建，可以帮助后发企业实现创新追赶。符栋良等（2014）研究了利益分配对研发网络合作均衡的影响，发现引入利益转移分配机制有利于研发网络的形成。纵观相关文献，还可以发现有些学者运用博弈论来解释合作研发组织形成的动因，基于"囚徒困境"得出的相关结论表明："超理性思维"（与个体理性相对应的群体理性）迫使竞争者考虑通过合作的方式来谋取因"个体理性"所不能获得的收益。此外，学者们还发现研发规模和强度、研发不确定性的程度、企业的知识吸收能力、企业之间的互补性和相似性及放弃合作研发而选择独立研发的机会成本大小均对合作研发的形成产生重要影响。

3. 合作研发伙伴选择的影响因素

在技术快速更新以及技术复杂性日益增长的背景下，企业往往会选择与其他组织合作开发的方式来降低研发成本和风险。在合作研发过程中，由于不同主体之间可能存在目标冲突、信任缺失或文化差异等情况，这些必然会对合作研发的有序开展以及研发成果的及时取得产生重要影响。因此，企业在进行合作研发伙伴选择的过程中，必须对诸多因素进行深入分析，以便做出最佳选择。

1）研发能力因素

企业在进行合作研发伙伴选择的时候，首先会从组织规模和研发强度两个方面来对备选对象的研发能力进行分析和评价。

组织规模一般用雇员人数或销售额来衡量。组织规模决定着其所拥有资源的数量。一般来说，规模较大的组织具有更多的金融、技术和人力等研发所需的资源，大多进行着具有可持续性的研发项目，且会预留一部分研发预算，同时也有能力采取多种有力措施吸收优秀的研发人员（Mohnen and Hoareau，2003）。相对来说，规模较小的组织内资源有限，因此进行内部研发和利用外部知识的难度较大，不具有建立合作研发所必需的经验和资源（Dodgson and Rothwell，1991）。组织规模对合作伙伴的选择具有两个方面的影响。一方面，大企业进行合作研发多是由于技术发展速度较快、研发不确定性和成本较高，而小企业则更加重视如何通过创新使其生产更加灵活，考虑的是市场和创新过程问题，因此参加合作的可能性较低（Bayona et al.，2001）。当然，也有研究表明，大企业具有创新所需的从基础研究到商业化较全面的研发资源，有能力自己进行创新，而不愿意参加合作（Cassiman and Veugelers，2002）。另一方面，选择对象同意参与合作研发的目的之一往往是获得预期的技术知识，为了实现这一目的就需要以自身稳固的知识基础和较强的吸收能力为支撑（López，2008）。因此，规模较大的组织更容易凭借较强的吸收能力从合作研发中获益。事实上，组织规模对合作研发的影响使企业在选择合作研发伙伴时必须意识到，规模较大的企业缺少合作的动机，而且即使开展合作也可能会凭借自身的深厚基础而从合作中获得更大的好处（Belderbos et al.，2004）；相对来说，规模较小的企业受制于其较低的技术能力，因而对合作研发的帮助可能也会较小。

研发强度是对组织研发能力的一种考量，它可用内部研发经费占总营业额的比重或研发人员数量占总人员的比重来衡量。现有相关文献大多认为，参与合作研发的企业一般应当具有较高的研发强度（Negassi，2004；Sampson，2007）。研发强度影响组织对合作研发的贡献程度及范围。Negassi（2004）等学者认为，在合作研发过程中，研发强度高的企业会向合作项目贡献较多的资源。为了弥补内部研发的不足，企业大多希望可以通过某种途径利用外部的技术和知识，或者获得外部专业的技术支持（包括专家和专业的设备），特别是所要研发的技术是新的或快速变化的、复杂的或投资较大时，企业更需要与供应商、客户和其他创新合作伙伴建立合作研发关系。因为许多企业认为仅利用自己的资源单独进行研发所面临的投资压力较大、风险较高，而合作研发则是一种成本和风险相对较低的途径。在通过合作研发获得外部技术和知识的情况下，要想真正提升自身的技术能力，则需要企业具有较强的知识吸收能力，而吸收能力的强弱部分取决于内部的研发强度（Griffith et al.，2004）。在研发参与者中，对研发投资较多的企业可能具有相对较高的技术能力、较好的知识基础及研发成果，即具有较强的知识吸收能力，从而增加该企业从外部获得和利用知识的发生率。企业认为如果参与合作研发可以使自身的研发投入更加有效，那么其研发强度将会进一步增大（López，2008）。此外，研发强度是企业在技术前沿地位的一个代理指标，是衡量合作研发可能性范围和倾向的一个重要解释变量。研发强度高的企业在技术前沿非常活跃，但面临的不确定性较高，因此研发强度高的企业在技术发展方面更加依赖其他组织。

2）开放性因素

组织对外部环境开放的表现是组织自愿地向外界泄露知识或者交换知识，并从中获得知识。组织的对外开放程度影响合作研发中公共信息来源的利用和管理者的风险厌恶，进而影响合作研发的倾向及水平（Fontana et al.，2006；López，2008）。Penin（2005）认为一些企业发现泄露知识和告知外部环境关于它们科技能力的范围对自身的发展是有利的。因此组织对外部环境的开放性是对组织看待外界潜在信息价值态度的衡量。对外部环境开放性程度高的组织，为了更好地向外界告知其能力，它们会自愿通过多种渠道（Laursen and Salter，2004）透露自己的技术知识，而且倾向于使预期的合作伙伴相信与其进行合作研发可以获利。该类组织一般积极地观察和监控外部知识，愿意将外部信息融入创新，更倾向于进行合作研发。如果企业选择这样的组织作为合作研发伙伴更有可能达到预期效果。从这一意义上说，企业在选择合作伙伴的过程中，还会关注备选对象的专利数量。对于选择合作伙伴的企业来说，专利的数量已经不仅仅是保护产品创新的工具和实施防护及进攻封锁战略的手段，更多的是为了提高企业的声望和技术形象。过去的几年里，专利在提高企业技术形象方面扮演了一个比较重要的角色。声望（其结果是发出信号）的动机也被Cohen 等（2002）强调。除此以外，也有学者强调，企业拥有的专利数量也能表明其在对外合作过程中的协商能力（Hall and Ziedonis，2007），较多的专利数量有利于创新进程中参与者之间的合作。Penin（2005）认为专利作为“协调装置”可以以不同的方式使企业间的合作更为容易。专利通过减少合作研发涉及的风险激励了组织间合作研发的形成。而且，专利是衡量企业研发能力的一个重要指标，并以这种方式帮助企业确认潜在的合作伙伴，进而建立合作研发关系。专利的作用在中小企业和大学、公共研究机构的合作中特别重要。中小企业可能愿意与高校或公共研究机构合作，但是有声望的高校可能不愿意与中小企业合作研发，因为其认为这些企业不具备应有的技术能力。因此，在协商期间，高校可能需要知晓中小企业的能力。这种情况下，专利就起了决定性的作用，会直接影响组织间合作研发项目的范围。

3）合作研发基础因素

通过对相关文献进行梳理可以发现，合作研发基础因素主要包括相互信任、相容的文化及合作经验等。

一是相互信任。企业需要与具有足够可靠的和可信赖的合作伙伴建立联系（卢燕等，2006），相互信任可以使一个组织和其合作研发伙伴彼此依赖以完成相互义务并可预见彼此的行为，真诚或善意地进行协商和行动（Gulati，1995），使合作双方的互补资源和能力增值，帮助最小化不确定性和减少机会主义威胁（Das and Rahman，2001；Wuyts and Geyskens，2005）。信任的建立同时还能够提高组织合作关系的质量（Gulati and Sytch，2007），而关系质量则进一步决定嵌入在关系中的组织可得的收益和范围。基于信任建立的合作关系中，组织相信其合作伙伴具有合作所需的专长和资源，而且有善意的意图且以对双方有利的方式行动，在关系中愿意且能够实现角色义务和试图最大化共同的利益（Ganesan，1994），人际间的信任可以弥补组织间的信任。组织间信任虽然能够促进无形资源、隐性知识和敏感的专有资产的有效流通，但这需要对合作伙伴和更多难克服的、复杂的资源转移过程有很好的理解(Uzzi，1996)。最重要的是，信任具有强烈的互惠效应。组织对合作伙伴的信任能够有效提升彼此间的互信程度（Bradach and Eccles，1989）。在合作研发中，企业向合作伙伴发出信任的信号，这种行为会刺激合作伙伴产生期望信任。随后，合作伙伴也会进行相似的行为，将信任的信号发给原组织。因此，当关系“产生最大可能的相互信任”时，合作开始实施（Buckley and Casson，1988）。

二是相容的文化。文化是组织内认识、期望、观念模式、规范和价值的累积（O’Reilly et al.，1991）。相容的文化有助于合作研发伙伴相互理解、朝着共同目标工作及共享相同的商业逻辑（彭展声，2007），相对容易地解决误解和冲突。不相容的文化是组织合作研发中诸多问题产生的根源，合作参与者的行为特点会因此而不同，合作者之间信息的流动会因此而受阻，进而会对合作关系的质量起到负面作用。在涉及不同国家间企业的合作研发时，文化的不相容会给管理者制造额外的困难和挑战，会给合作伙伴制造更多的相互理解方面的障碍，这使得企业在确定市场机会和理解市场机制方面形成困难(Cui et al.，2010)。为此，合作者必须在交流、相容工作规则的设计、共同管理方法的发展等方面花费更多的时间。合作者间是否具有相容的文化会影响合作研发的所有方面，特别是合作者之间的信息流动（Lyles and Salk，1996）和知识转移。因此，具有相容文化的合作者构建的合作研发关系比较稳固，文化距离也会随着合作时间的延长而减少（Meschi，1997），信任随之增强（Gulati，1995），合作伙伴间的依赖关系也会随之加深（Inkpen and Beamish，1997）。

三是合作经验。先前的合作经验构成了组织累积性的知识，可以为组织提供关于合作伙伴的有价值的第一手信息，包括可靠性、能力、管理和决策过程（Mayer and Argyres，2004），而且有助于组织在新合作中的价值创造（Gulati and Puranam，2009）。合作经验累积的多少取决于此前合作关系的持续时间、合作伙伴间组织和文化的匹配及其各自的学习能力。根据合作伙伴的不同，合作经验可分为与相同合作伙伴合作形成的专有合作经验和与任何合作伙伴合作形成的一般合作经验（Hoang and Rothaermel，2005）。一般合作经验是企业相关能力的基础，它的累积不仅有助于企业对合作关系的管理，而且有助于提升企业的相关能力，增加此后合作中的价值创造（Anand and Khanna，2000）。这种积极的效应一直存在于研发共同投资中（Merchant and Dan，2000）。专有合作经验则有助于与一定的合作伙伴建立信任和深化合作。专有合作经验通过促进合作、知识共享和内化增加了合作伙伴的学习效率和效益。一方面是因为与相同合作伙伴连续合作可为组织提供更为一致的学习环境，在这样的背景下，经验积累得更为有效，学习成本更低，学习效率更高。另一方面，许多合作经验的利益是专有合作伙伴固有的，从某种意义而言，它们不能被应用在与其他合作伙伴形成的合作中。专有合作经验所产生的利益对于与其他合作伙伴形成的合作来说是不可代替的。在专有合作经验是否会导致合作机会主义方面，现有的观点不尽一致。Gulati 和 Wang（2003）等学者认为专有合作经验可能减弱后来两个组织间合作的机会主义行为，因为合作伙伴可能会投入更多的关键资源参与合作，且在这样重复的合作中能节省管理成本，同时也有助于合作伙伴解决出现的冲突，减少不确定性，增加合作研发结果的可预测性。但是，这种观点在先前的经验研究中没有得到更多的支持。Kim 等（1998）学者认为专有合作经验增加了合作伙伴机会主义行为的风险和不对称的收益占用，因为合作伙伴对企业的专有资产太熟悉。

4. 研发效率的影响因素

与单一主体的内部研发不同，合作研发组织的管理更为复杂，因为参与主体的合作目标、风险态度、组织结构、知识吸收能力、网络能力、组织文化等不尽相同，在合作研发组织中的关系属性、地位、承担的任务也有所差异，这必然会影响合作研发的效率。其中，对研发效率影响最为显著的是研发主体的知识吸收能力、网络能力和关系属性。

一是研发主体的知识吸收能力。知识吸收能力是企业不断创造和利用知识的动态能力，是企业组织惯例和程序的集合，包括获取、内化、转换和应用知识来形成动态能力的过程（Zahra and George，2002）。企业作为重要的研发主体，其能否有效利用合作研发伙伴提供的资源，实现与企业内部研发的有效结合，主要依赖于企业的知识吸收能力。其中具有代表性的文献如下：Verheul 等（2002）认为知识吸收能力决定了企业能够从外部获得知识的广度与深度，进而在很大程度上决定着产学研合作的整体绩效；吴晓波和陈颖（2010）发现低吸收能力与内部研发相匹配，高吸收能力与外部研发相匹配，最终得出了在不同的吸收能力情景下企业进行研发的最优资源分配路径；王辉（2012）认为企业持续的创新是以充足的知识储备为基础的，只有不断从外界获取有价值的信息与知识，及时掌握前沿技术和客户的需求并将其消化，更新企业现有的知识，才能为合作创新活动的有效开展提供保证；樊霞等（2012）采用DEA-Tobit（data envelopment analysis-Tobit）两步法对广东省“省部产学研合作计划”参与企业产学研合作创新效率及其影响因素进行了研究，证明企业吸收能力对产学研合作创新绩效的提升有促进作用；江成山和陈宇科（2013）基于知识吸收能力视角，构建了以骨干企业+中小企业为研发核心、顾客群为重要的信息来源、高校与科研机构为新知识的主要来源、竞争者为临时伙伴的一种合作研发网络；王京安和刘丹（2013）认为如果在合作前期实现了知识的有效共享、转移、整合和运用，那么合作企业将有更多的信心去继续合作，在提高合作深度与广度方面发挥自己的作用。合作伙伴间若形成一致的战略目标，知识管理活动将会更顺畅地进行下去，从而又回归于合作创新产出绩效的提高方面；庄涛等（2015）利用中国高技术产业五大行业1998~2012年的面板数据，测度不同行业的产学研合作创新效率，并从三螺旋视角分析产学研合作创新效率的影响因素，发现企业技术吸收能力对产学研合作创新效率存在显著促进作用。

二是研发主体的网络能力。企业之间错综复杂的合作交互关系构成了企业的外部创新网络（党兴华和孙永磊，2013)。徐金发等（2001）认为网络能力就是发展和管理外部网络关系的能力，并提出了网络构想能力、网络角色管理能力和关系组合能力三维度。Möller和Svahn（2006）从网络管理和处理网络合作关系的视角展开研究，将网络能力划分为网络愿景能力、网络协调管理能力、关系组合管理能力和关系管理能力四种。Hagedoorn等（2000）提出了两种重要的网络能力，即基于中心的网络能力和基于效率的网络能力。朱秀梅等（2010）从导向、资质和行为三方面解析网络能力，将网络能力界定为在网络导向驱动下，利用一定的关系技巧和合作技巧，进行一系列网络构建和网络管理活动的能力。基于中心的网络能力强调改善企业在网络中的战略位置，而基于效率的网络能力强调迅速、成功地寻找到企业所需的合作伙伴。王海花和谢富纪（2012）基于结构洞理论，将企业外部知识网络能力划分为网络构想能力、网络构建能力、网络利用能力、网络结构能力和网络重构能力五个维度。宋晶等（2015）将网络能力划分为利用能力与开拓能力两种。其中，利用能力是指企业在已有合作伙伴的范围内，通过对现有资源的提炼、复制，施行强化活动以获得更高运行效率和组织绩效的能力；而开拓能力则是指企业通过在网络中寻找新的合作伙伴并与之建立合适的网络关系，以达到在创新过程中变异、实验、柔性、冒险等活动的能力，能够保证组织在日益激烈的市场竞争中掌握并发现新机会和新事业，获得新的竞争优势。沙振权和周飞（2013）在徐金发等（2001）研究的基础上，认为网络能力是企业通过识别网络价值与机会、塑造网络结构、开发维护与利用网络关系以获取稀缺资源和引导网络变化的动态能力，并进一步将网络能力分为网络愿景能力、网络管理能力和关系组合能力三个维度。网络愿景能力体现了焦点企业对其所在的网络环境的认识和理解，是企业对网络变化采取行动和反应的基础；网络管理能力是通过对整体网络的控制与协调，执行各种网络任务以获取网络优势的能力；关系组合能力着眼于把企业与相关利益者的网络关系看成是资源和能力的组合，通过组合来发挥协同效应，提高企业能力。曾海燕（2015）认为参与新型科技研发组织的企业需要网络适应能力和资源整合能力做支撑，并构建了相关机理模型，深入研究了研发组织内资金、技术、信息等资源整合的具体过程，最后通过案例分析法对上述观点进行了论证。

三是研发主体间的关系属性。关系属性是指合作研发伙伴之间友好和信任的程度。友好和信任关系是企业间合作研发的基础，是实现企业间学习、知识转移和共享及抑制机会主义行为的保障。在对现有研究进行梳理后可以发现，学者普遍认为信任有维持网络稳定、促进知识转移、降低机会主义三方面作用，进而提高合作研发绩效。Zollo 等（2002）认为信任可以促使组织间形成稳定的关系，有助于联盟合作伙伴进行合作和协调、维持网络稳定、增加联盟绩效。Dacin 等（2007）指出当企业新嵌入网络中时，企业的能力难以被广泛认同，其同网络中其他成员建立情感信任关系是很重要的，它会使企业逐渐被网络中更多成员认同，不仅有助于企业实现长期持续发展，而且可以进一步提升合作创新绩效。宋晶等（2013）认为无论是基于认知的信任还是基于情感的信任，都有助于维持网络的稳定及提升合作创新绩效。此外，王安宇等（2005）认为，一般而言，正式契约是不完备的，关系契约是依靠声誉或信任机制被执行的。背弃彼此达成的关系契约就可能触发永久惩罚，对失去未来合作机会的顾忌与失去信任的恐惧使成员企业不得不对自己的机会主义行为有所约束，遵守彼此之间达成的关系契约。组织间信任的建立、合作的调整能够加深彼此的认同，可以降低机会主义倾向，有助于引致更多的知识交换、形成网络惯例、减少不确定性、协调组织间冲突、降低网络成员的沟通成本和促进网络中的知识转移（Dacin et al.，2007；党兴华和孙永磊，2013）。

组织依靠自身的技术和知识单独实现创新的难度日益增大，在这一背景下，合作研发应运而生，合作研发组织、合作研发动因、合作研发伙伴选择、研发效率成为组织需要重点关注的问题。纵观相关文献不难发现，关于合作研发方面的研究较为成熟，研究视角较为广泛。其中的一些研究成果已经提到组织结构的调整在某种程度上可以保障成员参与合作研发组织的收益，但并未就组织结构如何调整展开深入研究。此外，关于合作研发组织形成的实证研究由于缺少合作研发组织及成员的数据而相对较少。

1.2.2 关于组织结构创新的国内外研究现状

1. 组织结构的概念

国内外学者对组织结构的研究起源较早，其研究成果也非常丰富。在对组织结构的定义方面，不同的学者、组织等分别从不同的角度做出了解释。从分工与协作的角度来看，Blau（1974）提出组织结构是根据不同的标准把人们分配到影响不同社会角色之间关系的社会岗位上，该定义强调了专业化分工与组织等级；Mintzberg（1979）将组织结构定义为任务分配以及任务协调的方式；江积海等（2002）认为组织结构是组织的空间表现形式，它是指组织内部关系规则、职务及权力关系的一套形式化系统，阐明各项工作如何分配、谁向谁负责及内部协调的机制；林志扬（2003）认为企业组织结构是企业中各机构的设置及其组合形式，它是从分工与协作的角度来规定企业中各成员的工作关系，通过一个目标–手段的链节关系形成了企业的组织结构形式；于斌等（2009）认为企业组织结构是企业全体员工为实现企业目标在工作中进行分工协调，在职务范围、权力、责任方面所形成的结构体系。此外，还有学者认为组织结构不是一成不变的，而是组织成员相互作用的结果。从功能的角度来看，Pugh 等（1968）提出组织结构包含诸如任务分配、协调和监督等活动，目的是组织目标的实现。Robbins（1983）认为组织结构决定任务分配、报告关系、协调机制和互动模式等。Daft（2012）提出组织结构的定义包括三个要点：第一，组织结构是组织中的正式报告关系，包括组织的层级数和管理人员的管理幅度；第二，组织结构确定了组织整合的方式；第三，组织结构是跨部门沟通、协作和力量整合的制度设计。Hall（2004）对相关文献梳理后，认为组织结构不仅有利于产生组织输出并实现组织目标，而且有利于最大限度地缩小个人差异对组织的影响，同时也是组织行使权力的载体、组织的决策和活动场所。任浩和刘石兰（2005）认为组织结构是服务于战略目标的工具，是组织内各构成要素以及它们之间的相互关系。它是对组织复杂性、正规化和集权化程度的一种度量，涉及机构的设置、管理职能的划分、管理职责和权限的认定及组织成员之间相互关系的安排与协调等。结合网络化研发组织的形成动因、运行机制等，本书认为组织结构是为了产生特定的组织功能而设计的，是组织内部个人、群体、部门等权责关系的体现，决定了组织内任务分配、报告关系、沟通和协作机制等。

2. 组织结构的类型

国内外学者依据不同的标准将组织结构划分成不同类型。例如，以 Burns 和 Stalker（1961）的研究为基础，很多学者将组织结构划分成机械式与有机式两种。机械式组织结构中的各部门有相对正式化的角色和职责，相对集中的程序和职能结构，以效率为导向的企业文化，高度专业化的作业流程，强大的制造和销售能力，以及相对同质的、有经验的人力资源基础。这类组织结构可以使创新按照一定的技术规范、沿着确定的技术轨道发展，并且注重内部开发。该类组织技术能力的提升主要通过创新活动的积累来实现，创新的方向主要是沿着现有用户的需求性能轨道方面进行改进，即更倾向于进行渐进性技术创新。有机式组织结构，又称适应式组织结构。它是一种松散的、灵活的具有高度适应性的组织形式。采用该种组织结构的组织不设置永久的固定职位和职能界限严格的部门，具有相对年轻、异质化的员工队伍及勇于探索、容忍失败的氛围，基层人员有权根据自己的技能和掌握的信息决定应该采取的行动，员工之间以直接的横向及斜向的沟通和协调取代机械式组织结构中纵向沟通和层级控制。有机式组织结构有利于企业比较灵活地配置各种资源，及时、准确地与外界进行技术沟通和交流，并随时根据各种变化进行组织结构调整，因此，适合企业进行突破性技术创新。Mintzberg（1979）依据组织结构适应组织的权益应变的方式，将组织分为七种类型，即创业家型组织、机械化组织、专业化组织、多元化组织、创新型组织、教会型组织和政治型组织。此外，也有许多学者根据组织结构的演进过程将其分为直线制、职能制、直线职能制、事业部制和矩阵制等，并得到学术界和实务界的认可。

3．组织结构的维度

对 Hage 和 Aiken（1967）、Pugh 等（1968）、Child（1972）、Daft（1995）、Koufteros 等（1998）学者关于组织结构的相关文献进行梳理后发现，组织结构可以划分为如下维度：规范化程度、专门化程度、权力层级、集权化程度、正式化程度、复杂性程度、垂直幅度、协调程度等。其中，规范化程度是指组织依靠规则和程序引导员工行为的程度；专门化程度是将组织的任务分解成单个任务的程度；权力层级是描述谁向谁报告以及每个管理者管理的跨度；集权化程度是指重大决策权集中在高层管理者的程度。上述维度中有些在概念上比较接近，有的甚至采用相同的量表进行测量。林山和黄培伦（2007）将组织结构划分为集权化与正式化两个维度，研究发现组织集权化和正式化程度越低，越有利于组织知识创新。网络化研发组织由若干成员基于共同的研发目标集结而成，成员中参与合作研发项目的个人、群体或部门的行为决策要受到其他成员、高层管理者或其他部门、团队的影响。因此，以权力分配和协调机制这两个维度来测量组织结构创新更符合网络化研发组织的实际运行情况。权力分配是指组织决策权的分配，可用自治度、授权等指标反映；协调机制是指组织的协同、联络机制，在组织运营过程中，环境的复杂性会导致组织各部门之间必须相互合作、协调工作。Miller 和 Dröge（1986）提出了两种协调机制，即结构型协调机制和流程型协调机制。结构型协调机制主要是指临时项目团队的构建与运行机制以及联络员的使用机制等，而流程型协调机制则是指各部门之间的沟通和协作机制。

4. 组织结构创新的影响因素

迄今，关于组织结构创新影响机理的研究散见于大量文献中，纵观各类文献，该类研究主要集中在环境、组织战略、技术、组织的年限和规模、组织的生命周期、组织的关键人员性质、信息及知识等因素对组织结构的影响方面。

（1）关于环境对组织结构影响的研究。综合来看，学者们普遍认为组织的外部环境越是动荡，组织结构就越有机化；组织的外部环境越复杂，组织结构就越分权化；外部环境越对组织不利，组织结构越有可能集权化。王满仓和闫奕荣（1999）认为节省交易费用的动力形成了现实中的企业组织结构。传统层级组织结构已不能适应复杂多变的市场环境，能对不确定的环境迅速反应的柔性组织应运而生，其具有全方位联盟、竞争性合作、组织型学习等市场行为特征。李东红（2000）认为任何企业都要选择特定的组织结构形式，企业组织结构的变革，总是顺应时代潮流，满足企业成长的要求。早期小型古典企业的组织结构呈现扁平化，在规模扩大后逐步走向金字塔形；现代公司制使企业高层管理发生本质变化，事业部制使企业重心下移，但都维持了纵向为主、横向协调为辅的金字塔式组织结构。适应信息革命和数字化、网络化的要求，未来企业的典型组织结构模式是开放型网状结构。王润良等（2001）从产品复杂性和过程复杂性两个维度探讨了技术复杂性对集权化程度、规范化程度、复杂性程度、横向差异和纵向差异五个组织设计结构性维度的影响，并根据技术复杂性的发展趋势预示了未来组织是一种有机性结构。刘洪（2004）提出复杂适应系统的组织被认为是现代经营环境条件下企业生存的重要形式，它要求构成组织的行为主体既相对独立又相互联系和依赖，能够根据各自所处的环境条件进行内部变革和相互关系调整，以适应复杂变化的环境和条件。林志扬和林泉（2008）认为未来组织结构变革的趋势之一是扁平化。但这种趋势与对传统的组织通过撤销中间管理层次，或者扩大管理幅度所实现的扁平化结构并不是一回事。扁平化趋势的产生是组织结构对外部环境变化做出的一种反应，是对传统的组织结构形式进行流程再造后建立横向型组织后形成的一种有利于内部的沟通与协调，具有弹性和柔性的组织结构形式。

（2）关于组织战略对组织结构影响的研究。以阿尔弗雷德·D. 钱德勒（Alfred D. Chandler）为代表的结构权变理论，用管理者对各种影响组织结构变化的权变因素的主观选择来解释组织结构变化的原因，管理者是组织结构变革的主导力量，在管理者的主导下，外部环境、发展战略、工艺技术、企业规模等权变因素将对企业的组织结构发挥影响作用。其中，发展战略是管理者对组织结构设计进行综合分析和考虑时最重要的权变要素，因为发展战略从一定程度上综合反映了其他权变要素的要求。

（3）关于组织的关键人员性质对组织结构影响的研究。在该领域中，Mintzberg 的观点较具代表性，他创造性地把企业组织结构和企业内承担不同职能人员的重要性联系起来。他认为企业内存在战略顶层、技术机构、操作层、中间层及协同人员等承担不同职能的人员，他们在组织中的重要性差别决定了哪种组织结构最终被采用。

（4）关于信息对组织结构影响的研究。在对 Meijaard 等（2005）、魏江等（2009）学者的研究进行整理后发现，关于信息与企业组织结构关系的研究主要有三种观点：信息作为一个外生变量，它决定或约束组织和个人的行为；信息会导致组织决策权的集中化；信息导致组织决策权的分散化。

（5）关于知识对组织结构影响的研究。成功的知识管理是实现组织结构创新的重要前提，而组织所拥有的知识分布在组织内的不同部门和个人中，通过分享、交流，这些分散在不同部门和个人中的知识，得以在组织内部充分流动起来，从而有利于促进各种不同知识的整合（Easterby-Smith et al.，2008），提高组织决策水平，进而促进组织结构创新。程德俊和陶向南（2001）从韦伯、西蒙等的理论出发，认为组织设计的一个关键问题是保持知识与权力的匹配。而知识在组织中的分布取决于所在行业、企业规模等几个方面的因素。李卫东（2002）认为企业组织结构的具体形式从根本上取决于知识的可传递性和知识的功能种类。姜楠和罗焕佐（2003）在分析企业组织结构发展历程的基础上，研究了知识与组织之间的内在联系，提出了一种基于知识并面向任务的三维立体组织结构。

综合上述研究可以看出，学术界对组织结构创新的影响因素及影响机理已经进行了深入研究，并取得了较为丰富的成果。影响组织结构创新的因素众多，如何对组织结构创新关键影响因素进行正确识别直接关系到组织结构创新的正确与否，而这需要结合具体的研究对象，采用适合的研究方法在特定情境下展开。此外，现有文献多是对组织结构的一个或几个影响因素进行研究，并未从整体视角充分考虑因素与因素之间的相互影响关系，因此无法解决高度不确定性环境下具有复杂影响关系的组织结构创新问题。

1.2.3　关于界面管理的国内外研究现状

1. 关于界面的界定

“界面”一词来源于工程技术领域，在该领域中界面主要是指各种仪器、设备、部件和其他组件之间的结合部分，还可以用来描述不同工序、设备、部件之间的连接状态及系统内部要素之间的交互关系。“界面”一词被引入管理学领域后，最初用来反映企业内不同职能部门间的关系。在对相关文献进行梳理后发现，国内外学者从不同的角度对界面进行了界定。

一是从要素在主体间流动的角度对界面进行界定。贾平（2003）对企业动态联盟中的界面进行了研究，并将其定义为在联盟体内，为生产销售机遇产品，各成员企业核心能力之间涉及不同资源要素（信息、物资、资金等）交流、联合的交互作用状况；李文博和李长江（2007）对企业知识联盟的界面进行了研究，并将其定义为在联盟体内，各成员企业核心能力之间，涉及不同资源要素（物质、信息、能量）交流、联合的交互作用状况。石秀等（2014）将重大科技工程组织界面定义为：为完成重大科技工程任务目标，各参与组织（主要有政府部门、设计单位、科研单位、制造单位、配件供应单位、检查验收单位）在信息、物资、人才、技术等工程要素交流过程中形成的接触方式和交互关系。

二是从联结、交互的角度对界面进行界定。长城企业战略研究所（1997）

将界面界定为主要用来描述为完成同一任务或解决某一问题，企业之间、企业内部各部门之间、各有关成员之间在信息、物质、财务等要素交流方面的相互作用关系；Etzkowitz 和 Leydesdorff（2000）认为管理界面是指企业家、科学家、政策制定者、组织成员等进行知识交流及汇集的方式和机制，不是可以触及的一个存在结构。它实际上是一个便于分析者理解种种关系的学术结构，通常所说的界面指的是连接结构或是混合组织。官建成和张华胜（2000）从部门之间协调的角度认为界面即产生冲突的区域，界面存在于至少两个不同的通过组织规范及准则区分开来的子部门之间，在其职权范围内，这些子部门均具有独立的行为；吴涛等（2003）借助超文本组织的思路，指出界面是相关单元之间的交互，是相关单元之间接触方式和机制的总和，具体可以理解为系统内单元之间或系统与外部环境之间物质、信息和能量传导的介质、通道或载体，因此界面是集成关系形成和发展的基础；吴绍波和强海涛（2010）将界面引入知识链组织之间的研究，认为知识链组织之间的界面是各组织在知识、人员、资金等交互作用过程中的接触面，它体现了一种跨组织的联结关系。

三是从系统角度对界面进行界定。王树恩等（2009）认为从系统科学的角度来看，界面是要素与要素、要素与系统及系统与其外界环境相关联的边界状态。刘博和沈菊琴（2012）则是基于系统、子系统及系统的边界三个概念，从系统论的角度对界面的内涵进行界定，即假设存在 n 个系统 $A_i=(i=1,2,\cdots,n)$，每个系统分别包括 $m_j(j=1,2,\cdots,i)$ 个子系统，也即系统 A_i 中包括子系统 $A_{i1},A_{i2},\cdots,A_{im_i}$。同时，各个系统 A_i 分别有各自的外部环境 E_i，则系统 $A_1,A_2,\cdots,A_n$ 之间、系统 $A_1,A_2,\cdots,A_n$ 与其外部环境 $E_1,E_2,\cdots,E_i$ 的边界，以及各系统 $A_i=(i=1,2,\cdots,n)$ 内部的子系统 $A_{i1},A_{i2},\cdots,A_{im_i}$ 之间的边界，称为界面。界面具有客观性、可渗透性、动态性和系统性的特征。

综上可知，研究者从不同角度对界面的定义存在一定的差异，但普遍认为界面是由系统要素或联结主体交互作用产生的，且呈现动态的特点。系统要素或联结主体的行为、关系等的变化，会对不同层次界面的性状产生影响。

2. 关于界面的分类

国内外学者从不同的角度对界面进行了分类。郭斌等（1997）将企业界面管理分为三个层次：企业间界面，即用户—制造商—供应商之间的界面；职能/部门间界面，即市场营销—R&D—生产制造之间的界面；职能内部的界面，主要包括 R&D—R&D 界面、研究—开发界面和设计—制造工艺界面。李立新（2004）以大型建设项目为研究对象，提出管理界面是指在项目不同阶段、不同专业或同一专业不同合同之间，以及同一合同双方之间主观存在的责权划分和组织协调关系。技术界面是指为了确保工程的系统性、统一性和完整性，不同流程、不同专业，在涉及原则、标准、技术要求及各种设计参数保持协调统一的过程中客观存在的技术衔接。杜漪和杨晶晶（2008）基于供应链网络组织节点企业间的关系，将界面分为市场型界面、网络型界面和企业型界面。刁兆峰和余东方（2001）基于界面的产生结构，将界面分为两类：一类是由于纵向联系而产生的纵向界面；另一类是因为横向联系而产生的横向界面。与此相似，石秀等（2014）将重大科技工程组织界面分为纵向组织界面和横向关系组织界面。前者是指在层级组织体系中，按照权力的上下级关系或者技术关联中上下游关系形成的组织间的交互关系；后者是指处于同等地位的组织各关联成员之间的联系和相互作用领域，来源于并行的职能和流程之间的联系及相互作用，在横向界面上彼此控制信息内容、时间、方式的权力平等，根据各自内部规则、程序及所处的环境单独决策。田雪莲（2012）借鉴霍尔三维结构体系，将 BOT（build-operate-transfer，即建设-经营-转让）项目相关的界面分为实体界面、组织界面、合同界面与环境界面四类；杨慧等（2011）从政府的角度将创新网络系统的管理界面分成两类：一类是政府与其他网络主体之间的界面；另一类是其他网络主体之间的界面。吴绍波和强海涛（2010）根据知识链组织之间的交互作用方式，提出创新界面存在串联界面、联合界面和交互界面三种形态。吴绍棠和李燕萍（2014）从高校、企业两部门技术合作创新过程中知识扩散与流动角度出发将合作界面分为三类，即“零”界面、“叠”界面和“全”界面。谢晖等（2014）基于和谐管理理论将创新团队管理界面分为和则类管理界面与谐则类管理界面。和则类管理界面是“人与人”交互形成的界面，解决的是“人际”“人群间”的共处问题；谐则管理类界面是“人与物”以及“物与物”交互作用形成的界面。众多相关文献中，郭斌等（1997）对界面分类问题研究较早，在学术界具有一定的影响，后续的部分研究是结合各自的研究对象在此基础上提出的。

3. 关于界面管理

1）界面管理的界定

界面管理是组织联合创新的关键（任荣，2009）。国内外学者从界面管理的目标视角对界面管理进行了界定。华锦阳和张钢（2000）提出，界面管理是指为完成同一任务，企业需要处理企业之间、企业的各组织部门、各有关成员之间在信息、物质、财务等要素交流方面的相互作用，解决界面双方在专业分工与协作需要之间的矛盾，实现控制、协作与沟通，提高管理的整体功能，实现企业绩效的最优化。基于三代 R&D 管理发展过程及特点，将界面管理的发展过程划分为三个阶段：第一阶段，职能分割，部门孤立，各行其是，界面管理近于无；第二阶段，在项目水平上各职能进行联结合作，形成矩阵式结构，但限于单个项目，未能将所有项目一体化，缺乏企业全局战略思考，界面管理是不完全、不稳定的；第三阶段，部门间达成伙伴式合作关系，一体化程度高，界面得到很好改善，企业中高质、创新、高效益的新产品快速、持续诞生。徐磊（2002）提出界面管理就是设计并保持一种良好的界面环境，使跨界面的交流、协调、合作能够有效进行及实现技术创新的目标。章琰（2003）认为界面管理就是设计并保持一种良好的界面环境，使跨界面的交流、协调、合作能够有效进行，以实现技术创新的目标，其中，界面环境由信息交流途径、作业衔接条件、促进合作的规则和制度等硬件要素构成。朱启超等（2005）提出界面管理的实质，即对界面双方实行联结，将重要的界面关系纳入管理状态，以实现控制、协调和沟通，提高管理活动的绩效。许慧敏等（2006）认为界面管理是企业为实现某个目标，需要解决界面双方之间出现的界面障碍的过程。李文博和李长江（2007）提出基于知识联盟的界面管理就是要为联盟体内各成员企业创造一种良好的交互环境，使彼此间的交流与合作能够协调有序地进行。杜漪和杨晶晶（2008）将供应链网络组织的界面管理定义为，为了抓住市场机遇、生产合适的产品、减少冲突、增强协作能力，供应链网络节点企业间或相关部门间创建良好的界面，便于物质流、资金流、信息流的跨组织流动，实现供应链组织的有效运作，其实质是加强对供应链节点企业的控制、增强协调能力和便于沟通。刘博和沈菊琴（2012）指出为了保持系统正常、高效运转，维护系统与外部环境及系统内部和谐的氛围，需要对界面进行干预，解决界面障碍与界面矛盾，抑制“负界面”发挥作用，发挥“正界面”的作用，这个过程就是界面管理。许成磊等（2013）提出界面管理的职能是设计并保持良好的界面环境，使组织之间、部门之间和员工之间的跨界面交流和协调能够有效进行，从而实现组织目标。综上可以看出，界面管理是组织通过营造良好的界面环境，使多方主体参与以解决不同层次的界面障碍与矛盾的过程。

2）界面管理原理

有关界面管理原理的研究，早期具有代表性的是 Brockhoff 和 Hauschildt（1993）等的研究，他们提出界面管理的无等级和有等级协调原理。有等级的协调适用于明确的领导-下属关系中，需要通过上下级的命令加以实现；无等级的协调则主要适用于处在平等地位的关系中，需要通过信息沟通的方式实现。国内也有许多研究者对此进行了相关研究。例如，李宝山和刘志伟（1998）提出的等级泛化与模糊处理等整合界面的方法。模糊处理即动态合作中成员企业之间联系接口逐渐趋于模糊，成员企业联结而形成的界面相互渗透，以至于难以确定界面的属性。因此，要通过模糊处理原理来解决动态合作的界面模糊化问题。模糊论的思想为解决动态联盟的核心能力融合问题提供了有用的指导。刁兆峰和余东方（2001）提出纵向界面管理准则是采取等级泛化的协调原则，即打破等级界限，消除层次隔阂；横向界面管理准则是模糊处理，即采取跨职能整合、实现部门间充分沟通、发挥协商合作精神。徐磊（2002）提出界面管理的共识性原理、开放性原理、约束性原理和约定性原理。共识性原理是指界面各方具有共同的认识基础，它涉及对技术性、工艺专业性问题的认知及对目标、利益、风险等问题的价值判断；开放性原理是指在信息不对称的情况下，在需要资源综合集成的创新程序中，各环节之间信息开放才能实现目标协调、手段协调及程序协调；约束性原理是指创新需要具有约束力的契约保障以及与此相应的制度环境；约定性原理是指在契约之外需要如习惯性约定等组织文化性的潜制度规则，以使合作的过程具有自调节的行为机制。赵玉林（2004）根据我国高技术产业化过程中事实存在的界面障碍及其成因，提出克服高技术产业化界面障碍的无等级协调原理、跨职能整合原理、跨文化沟通原理和自组织协作原理。

3）界面管理对策

Barczak（1995）经研究发现，为了完成界面的要求，高度和谐的团队要比低度和谐的组织有效。Bartlett 和 Ghoshal（1995）认为界面管理中的重要任务之一是防止不必要的知识泄露，要确保信息在企业之间交流的同时，对相关人员和信息的流动进行规范。为此，企业可以在界面中设置“守门人”的职责，以监控企业之间的知识流。杨慧等（2011）认为政府、企业、大学、科研机构、中介服务机构和金融机构是高技术新兴产业创新网络系统的参与主体，上述主体间形成了多种管理界面。为了克服界面障碍，美国、日本、西欧等发达国家和地区制定实施了多种政策措施，这些措施针对创新网络系统的不同主体，涉及不同主体间以及政府与其他不同主体间的界面，涵盖了R&D、商品化、产业化全过程，包含了法律法规、资金、人才、物理设施、信息等要素。谢晖等（2014）研究提出和则类界面管理的策略是通过激励制度、团队文化等管理策略激发创新团队成员的自主行为，从而达到消除或削减由于意见不统一所造成的界面冲突；谐则类界面需要通过规范化的管理制度、流程、结构等相对确定的路径来设计创新团队客体要素的合理配置，消除因资源分配而造成的界面矛盾，尽量使创新团队的管理界面达到“满意状态”。

从上述研究可以看出，学者们对界面的界定、分类及界面管理的界定、原理及对策进行了广泛且深入的研究，相关研究的对象也逐渐从单一组织发展到对合作组织间相关界面更为复杂的研究。相对于一般的合作研发形式，本书研究对象网络化研发组织要更为复杂，且网络化研发项目的多主体性决定了网络化研发成员间会因组织目标、企业文化、风险偏好等方面的差异而造成界面冲突的普遍存在，进而会通过成员间的相互信任、合作关系、决策行为等的变化对网络化研发项目的成本、进度及效果产生重要影响。而现有的关于单一主体界面管理问题的研究成果难以解决网络化研发组织中多个主体间的界面冲突。

因此，有必要识别网络化研发成员的关键界面，建立网络化研发成员界面管理模型。

1.3 研究目标及内容

1.3.1 研究目标

本书旨在识别出网络化研发成员内部组织结构创新的影响因素，揭示关键因素对成员内部组织结构创新的影响机理，并在对组织成员内部组织结构界面进行识别及管理的基础上，创新性地提出网络化研发成员内部组织结构创新的可选形式，并进行相应的评价，最后建立网络化研发成员内部组织结构创新实施的保障机制，从而为实现成员在网络化研发组织中的合理嵌入和创新能力的不断提高提供必要的理论支撑和实践指导。

1.3.2 研究内容

研究内容主要包括如下九个部分。

（1）绪论。主要对本书研究背景及意义、国内外研究现状、研究目标及内容进行阐述。本章主要从合作研发、组织结构创新、界面管理三个方面对相关的国内外文献进行梳理与评述。

（2）相关理论基础。主要对网络化研发组织的概念及特征、组织结构创新的内涵、界面及界面管理的界定进行概述，为后续研究奠定基础。

（3）网络化研发成员内部组织结构现状分析。在对网络化研发组织的概念、类型及成员构成进行准确界定后，阐述网络化研发成员的内部组织结构现状，探究其存在的问题，并进行深入、细致的原因分析。

（4）网络化研发成员内部组织结构创新的影响因素分析。结合实地调研和深度访谈结果，对网络化研发成员的网络位置、网络化研发成员的边界模糊性、网络化研发成员的战略导向、网络化研发组织模式、网络化研发成员规模、网络化研发成员技术复杂程度、网络化研发成员面临的环境、网络化研发成员的发展阶段等影响网络化研发成员内部组织结构创新的因素进行深入、系统的分析，以期为后续的组织结构创新设计及评价奠定研究基础。

（5）网络化研发成员内部组织结构创新关键影响因素及其作用机理分析。在对相关企业进行调研和深度访谈后，结合网络化研发组织的运行实际，从研发项目的视角发现影响网络化研发成员内部组织结构创新的关键因素是网络化研发成员的网络位置、网络化研发组织模式及网络化研发成员的战略导向。针对网络化研发成员中个体和群体在工作任务、行为特征、能力要求及协作关系等方面与一般研发组织的差异，分析网络化研发成员网络位置、研发模式及战略导向对其组织结构创新的影响机理。其中，在网络化研发成员网络位置对其组织结构创新的影响机理分析部分，在借鉴大量国内外文献和相关理论，进行专家访谈以及调查典型样本的基础上，编制调查问卷，进行正式调查，获得相应的数据，然后利用结构方程模型来检定基于理论所建立的网络化研发成员网络位置对其组织结构创新的影响机理模型。

（6）网络化研发成员内部组织结构界面识别及管理。受网络化研发的影响，组织成员内部组织结构的界面数量众多、类型多样，该章基于网络化研发组织的基本特征，从研发项目管理过程的视角对网络化研发成员内部组织结构界面成因进行分析并对界面予以分类辨识，进而提出网络化研发成员内部组织结构界面管理应遵循无等级协调原理、跨职能整合原理、跨文化沟通原理、自组织协作原理。

（7）网络化研发成员内部组织结构创新设计及评价。该章在上述研究的基础上，提出网络化研发成员内部组织结构创新设计的主要思路，提出网络化研发成员内部矩阵式、线性组织结构创新的备选形式，并在此基础上对其进行评价。

（8）网络化研发成员内部组织结构创新的保障措施。在上述研究的基础上，该章从搭建现代管理信息系统、引入阶段审核验收环节、完善员工绩效考核体系、提升项目经理综合能力、优化组织内外沟通机制等方面制定网络化研发成员内部组织结构创新实施的保障机制，以确保网络化研发项目的顺利运行、组织管理整体效能的提高及组织在动态复杂环境下预期战略目标的实现。

（9）研究结论与展望。该章对前文的研究结论进行总结，并对本书研究的局限性进行了归纳，进而提出进一步的研究展望。

第 2 章　相关理论基础

2.1　网络化研发组织的概念及特征

2.1.1　网络化研发组织的概念

随着研发成本、风险及复杂性的日益提高，网络化研发组织已成为合作研发的主流组织形式。网络化研发组织的出现不仅加速了成员由封闭式创新向开放式创新的转变，而且使成员之间充斥着复杂的关联，组织边界日益模糊。网络化研发组织的概念是在研发联盟、技术联盟等相似概念的基础上衍生而来的。Hansen（1999）认为研发联盟是由两个以上的竞争企业构成的，基于研发的目的将各自的资源整合后产生的一个新的合法组织。王安宇和司春林（2007）认为研发联盟是若干独立企业为了共同的知识生产目的，以契约为纽带，通过共享彼此的研发资源而形成的一种合作研发组织模式。余佳群和王晓辉（2008）将企业研发联盟分为广义和狭义。所谓的广义的研发联盟是指企业为提升技术创新及产品开发能力，在保持各自相对独立的利益及社会身份的同时，通过契约关系、合作协议与外部组织机构建立的优势互补、风险共担、利益共享、长期合作的制度。它们在一段时间内协作从事技术或产品项目研究开发，是在实现共同确定的研发目标的基础上实现各自目标的合作研发方式。狭义的研发联盟，是指由两个或两个以上的企业基于共同研究和开发高技术的目标而组成的战略联盟。它们互相联合致力于研究开发，必要时需要借助政府的指导或辅助。杨东奇等（2012）认为研发联盟是指由两个或两个以上的企业基于共同研究和开发高技术的目标而组成的战略联盟。李红玲和钟书华（2002）认为企业技术联盟是两个或两个以上的企业联合致力于技术创新的行为而组成的联盟。Soekijad 和 Andriessen（2003）认为技术联盟是指由两个或两个以上有共同战略意义和对等经营实力的企业（或特定事业和职能部门等），为了达到技术创新而拥有市场，共同使用研发资源等战略目标，通过各种协议、契约而结合成的优势互补或优势相长、风险共担、生产要素水平式双向或多向流动的一种松散的合作模式。研发网络特指参与方数量 $n \geqslant 3$，参与方之间的资源和能力具有较大的差异性（符栋良等，2014）。企业间通过组建研发网络，可以共同创造出价值使合作者共同受益，这种价值是任何一方单独所无法达到的（Teece，1992）。单个企业可以在专注和发挥自己核心能力的基础上，结合其他网络节点企业的能力扩展产品功能，形成技术组合优势，发挥研发资源的协同效应，实现技术突破（Bayona et al.，2001；Miotti and Sachwald，2003）。同时还可以实现降低创新成本和研发风险、缩短产品开发时间、拓展获取信息和资源的渠道等目的（党兴华和黄继勇，2004）。此外，研发网络也是企业以敏捷有效的方式整合各方研发资源，增强竞争优势的重要手段和载体（王安宇和司春林，2007）。

与一般的研发联盟、技术联盟等不同，网络化研发组织的自发性相对更强，影响的广度及深度更大，且会因不同的研发主题呈现出不同的组织模式。因此，本书认为网络化研发组织是指当多个组织为了共同的研发目标，在保持各自相对独立性的前提下，基于市场机遇、技术发展等需要而在一段时间内联合起来并成为一个较为稳定的研发网络。它既可以就某一研发项目开展全面合作，也可以就某一研发环节开展单独合作。网络化研发组织以网络的组织模式链接各类研发主体，整合各方研发资源，已成为研发主体增强竞争优势的重要手段和载体。

网络化研发组织本身是一个系统，在这个系统中，不同的参与成员基于共同的研发目标集聚，集成各自的研发资源，通过协调合作达到整合增效的目的。

网络化研发组织所进行的研发项目多集中在开发难度大、投资大、风险大的新兴技术和高技术领域。由此可见，网络化研发组织是合作研发的一种高级组织形式，通常以合作伙伴的共同利益为基础，以资源共享或优势互补为前提，有明确的合作目标、合作期限和合作规则，合作各方在研发的全过程或某些环节共同投入、共同参与、共享成果、共担风险。

2.1.2　网络化研发组织的特征

网络化研发组织是一种具有战略意义的组织形式，其内部成员是以合作研发为纽带而形成的一种或紧密或松散的合作关系。网络化研发组织可根据研发目标、成员的特点等以虚拟或实体的形式存在。

1. 动态性

基于共同研发目标形成的网络化研发组织不仅是一个功能可重构的系统，而且是一个成员构成可变化、成员间关系等不断调整的动态演化组织。网络化研发组织面临着技术、市场等不确定性较高的环境。当技术趋势发生转变、竞争对手创新进程加快等外部环境发生变化时，网络化研发组织的合作研发内容、参与成员、成员之间的网络合作关系也会随之发生变化，进而呈现出动态特征。例如，当多个企业对产业未来技术发展趋势的预判一致，且单个企业又难以进行独自研发时，上述企业即会联合形成网络化研发组织，确定研发任务，网络研发关系随之形成。当研发的项目顺利完成或无法完成时，成员间合作关系终止；与之相似，当新的市场机遇出现时，网络化研发组织可能会随之形成，成员间合作关系建立。当市场发生变化时，最初设定的研发任务可能会发生调整，为此可能会吸引更多成员加入或减少现有成员数量。

2. 灵活性

由于网络化研发组织是成员之间通过协议、契约或相互信任维持合作关系，并基于共同的目的和利益联结在一起而形成的合作组织，因而在成员构成的具体组织形式、合作研发机制等方面有很强的灵活性。再者，网络化研发组织实际上是一个边界模糊的组织形式，网络化研发组织内成员数量、成员间合作关系会根据研发项目复杂程度、进展程度等进行调整。网络中的各种合作关系可能会随研发项目的进行更紧密、更疏松或消失。

3. 协同性

随着科学技术的不断发展，各领域的技术、知识的难度与复杂度都在不断加剧，合作研发的跨界特征越来越明显。不同组织拥有的资源具有一定的差异性。一般情况下，单一组织的资源、能力有限，难以依靠自身的资源实现重大研发目标。与其他组织基于共同利益诉求形成的网络化研发组织有助于高效地集聚研发所需的资源，产生协同效应，创造出新的难以复制的资源。同时，网络化合作研发项目的实施可以发挥成员各自的资源能力优势，在一定程度上成员间可以共享彼此的知识、信息和经验，避免研发的重复性投入，提高组织整体的知识储备及合作研发的效率。此外，成员间的协同合作是网络化研发组织顺利运行的前提条件。网络化研发组织通过成员间的协同合作可以使研究开发的外部效应内部化，实现连续的动态的技术进步，并可将此种优势保存在组织内。

2.2 组织结构创新的内涵

组织结构创新对组织竞争力、组织适应性的重要性已被国内外研究者所认同，因而对组织结构创新的研究一直是学者研究的焦点。组织结构创新是一种多维度、多层面的复杂构念。很多学者认为组织结构创新是组织创新研究中的核心问题之一。以 Williamson（1985）为代表的学者将组织创新界定为通过组织设计和组织机制变革节省交易费用的过程。Damanpour（1991）通过对组织创新相关文献的元分析概括了 13 种影响组织创新的驱动因素，它们分别是专门化、功能差异化、专业化、标准化、集权化、针对变革的管理态度、管理任期、技术知识资源、管理强度、宽松资源、外部沟通、内部沟通和纵向差异化。

上述因素中大多数都是与组织结构直接相关的。傅家骥（1992）认为，组织创新是组织对内部责、权、利关系的重构，包括对人力资源、物力资源与财力资源及其结构的新的制度安排。基于此，郭韬（2008）认为组织创新包括组织结构改变、内部权力关系的调整、组织任务的改变、组织流程的创新及组织的观念创新。Beer 和 Nohria（2000a）提出的 E 理论和 O 理论，强调组织创新应关注正式的组织结构和发展一种高承诺的文化。许庆瑞等（2003）认为作为分工和分权对立面的整合是企业组织创新的核心内容。Mazzanti 等（2006）认为组织创新是发生在战略、结构、规范等各方面模式上的变化，是组织自我认知模式的跃迁式变革。Crossan 和 Apaydin（2010）指出，战略、结构、文化和流程的改变是组织创新中最重要的问题，组织内部成员的思想和组织文化是其中关键的要素。目前相关的组织创新研究大多是围绕组织结构创新展开的，组织创新实则具有复杂系统的特征，而组织结构和与之相匹配的组织运行机制是系统中的核心构成要素，二者的创新会带动系统中其他构成要素的创新及改变要素间的关系。

从外部看，多变的环境因素和激烈的市场竞争是企业进行组织变革或创新的动力（魏立新，1999）；从内部看，企业组织结构创新的动机在于节约交易费用、适应企业的生命周期进程、增强企业能力等（吴伟浩等，1999）。企业组织结构创新意味着打破原有的制度化结构，重构组织成员责、权、利关系，从而形成新的结构、新的功能、新的人际关系（魏立新，1999）。王建民（2003）在对组织结构创新的相关概念进行梳理后，提出组织结构创新主要包含两方面的含义：一是企业可以对组织结构中的一个或多个关键要素加以变革。例如，企业可以将几个部门的职能结合到一起，或精简某些纵向层次、拓宽管理幅度，使组织扁平化或机构减少；可以制定更多的规章制度，提高组织的正规化程度；通过提高分权化程度，加快决策制定的过程。二是企业可以对实际的组织结构设计做出重大的变革。本书所研究的网络化研发组织面临的环境更为复杂，成员积极从网络化研发组织内外获取所需的知识、信息，并迅速根据所处环境的变化调整内部组织结构，是成员内嵌于网络化研发组织的必要条件。

2.3 界面及界面管理的界定

2.3.1 界面及界面成因

Yoon 和 Hinchey（1996）认为界面是一个公司参与创新活动的多个职能部门之间的交流、交互作用及协调关系。李春好和杜元伟（2011）认为重大科技项目合作界面是与重大科技项目合作实施全过程相关的资源在时间、空间层次或者数量上的状态配置关系。其中，资源是项目开展所必须依赖的或必然涉及的软硬件基础，如人力、物力、财力、信息、技术及制度措施等；状态配置关系是指根据各种资源在状况、态势与特征等方面的约束关系而对它们进行的时间安排、数量匹配或结构布置等。刁兆峰和余东方（2001）认为管理中的界面是指为完成某一任务或解决某一问题，所涉及的企业之间、各组织部门之间、各有关成员之间，或各种机械设备、硬件软件、工序流程之间在信息、物资、资金等要素交流、联系方面的交互作用状况。在对相关文献梳理后可以发现，管理角度的界面不应被理解为一种界限或边界，而是在特定情境下，有内在关联的集成单元间为满足各自需要而形成的交互状态与过程。网络化研发组织为完成研发任务，成员之间、成员内部各组织部门之间、相关人员之间在知识、信息、物质等要素方面的相互作用关系即界面。

界面成因较为复杂，对此许多学者进行了相关研究，其中具有代表性的成果如下：郭斌等（1997）经研究提出界面问题产生的原因包括粘滞信息的存在；职能部门对本职能领域的知识和信息较为了解，常从自己的角度考虑新产品开发过程，忽略其他职能组织的作用和影响；不同职能部门的目标差异；个人价值观和事业取向上的差异所带来的文化冲突。刁兆峰和余东方（2001）、赵玉林（2004）提出管理界面的成因包括专业化、信息粘滞、目标差异和文化冲突。华锦阳等（2000）对企业创新过程中各职能部门间的界面问题进行了研究，提出界面的主导影响因素是变化的，社会文化的影响逐渐变弱，组织因素逐渐变强。贾平（2003）提出企业动态联盟管理界面的成因主要包括核心能力差异、信息粘滞、组织文化差异。李春好和杜元伟（2012）提出重大科技项目实施中合作界面产生的原因主要是不同合作主体组织目标、企业文化、专业知识或风险态度等差异的存在。综上可以发现，界面成因根源主要是合作主体目标、文化、风险态度等差异的存在。

2.3.2　界面的类型

依据不同的标准，界面可以划分成不同类型。结合网络化研发组织运行实际，相关分类如下。

按界面相关主体间的地位关系，将界面分为横向界面、纵向界面和斜向界面。横向界面的相关主体在组织内的地位平等或相对平等，不存在直接或间接的隶属关系。在横向界面上，博弈双方具有相对独立的利益取向或支付函数，而策略集的差别是有限的，也没有互为约束的情况，即使有约束，也是共同约束所在组织利益最大化。纵向界面的相关主体在组织内部存在直接隶属关系，界面相关主体在博弈过程中不可避免地有策略集和支付函数的不同，而且，在大多数情况下，一方的支付函数以另一方的利益最大化为约束。相应地，纵向界面的博弈结果与横向界面的博弈结果会有较大差异。斜向界面的相关主体虽然在组织内部有明显的地位差别，但相互间没有直接隶属关系。因此，界面关系要比横向和纵向界面关系更复杂。

按组成界面的集成单元性状，可将界面划分为实体间界面、实体与虚体间界面和虚体间界面。实体是物质世界的物理表征，如各种机械设备、人体和建筑等。虚体是通过各种集成单元的行为、态度反映出来的，可以通过观察和经验获知的某些事物，如文化、氛围、动机等。实体间界面是界面的低级存在形式，可以用物理方法或技术方法控制；实体与虚体间界面则有一定的模糊性、易变性，典型的就是人-机界面或操作界面；虚体间界面的模糊性和易变性则更为突出。

按涉及的范围，可将界面分为微观界面、中观界面和宏观界面。微观界面是指组成界面的双方是个体的人或组织的个体成员。由于微观界面双方具有不可再分性，在一般情况下可以认为双方的博弈是简单的二人博弈。中观界面是指在某种组织内部的群体或亚组织之间的界面，群体或亚组织至少由两个成员组成。中观界面的博弈过程相对较为复杂，在博弈过程中，既有二人博弈的特征，也有群体内的多人博弈特征。而二人博弈和多人博弈这两者之间的约束关系是不确定的，可能与参与者的价值取向、外在压力的来源和强度等有关。宏观界面是指利益独立的群体或组织之间的界面。在宏观层次上，利益相互独立的组织间的博弈在大多数情况下又会回归到简单的二人博弈。利益独立的组织在博弈过程中以本组织的利益最大化为基本动机，虽然有内部多人博弈的干扰，但组织的生存压力会形成潜在的刺激而促发组织内部的团结，亦即二人博弈占优。以上三种界面的障碍、矛盾和冲突的表现形式、波及范围和激烈程度，甚至内在性质都有所区别。

2.3.3 界面管理的界定

在网络化研发组织运行中，存在数量众多、类型各异的界面问题，因此界面管理成为网络化研发组织管理的一项重要内容。李凤莲和马锦生（2002）认为所谓界面管理是指为完成同一任务，企业需要处理企业之间，企业的各组织部门、各有关成员之间在信息、物质、财务等要素交流方面的相互作用，解决界面双方在专业分工与协作需要之间的矛盾，实现控制、协作与沟通，提高管理的整体功能，实现企业绩效的最优化；王树恩等（2009）认为界面管理就是对界面冲突的协调与控制，以解决界面各有关成员之间的矛盾，提高管理的整体效能，保证组织整体战略目标的顺利实现。在对相关文献进行整理后，本书认为界面管理主要是协调界面涉及的主体间在研发动机、信息交流、专业分工和协作等方面的矛盾，通过设计一定的界面环境，界面相关主体间形成有效连接，并将重要的界面关系纳入管理状态，进而促使跨界面的交流、协调、合作能够有效进行，以提高网络化研发项目管理的整体效能，实现合作研发项目的目标。

第3章 网络化研发成员内部组织结构现状分析

3.1 网络化研发组织的类型及成员构成

由于市场竞争日趋激烈、产品生产周期日益缩短，同时创新的复杂性和不确定性日益增加，任何一个组织都不太可能拥有创新所需的全部知识与信息，也难以将创新活动所需的完整价值链导入组织内部。正是在这一背景下，网络化研发组织应运而生。网络化研发组织是由企业、科研究所等多个组织出于对研发共同目标的追寻而结成的各种形态的组织形式。它可以提供一种超出组织边界的新的制度安排，使各种研发资源能够顺畅、快捷地通过网络化研发组织内部的相关节点。同时，出于对各种创新流的需求，网络化研发组织将自动维系并加强内部各个节点间的信息、知识、人力等资源的流动，从而通过协同效应的发挥来提高网络化研发成员的创新绩效。

网络化研发组织形式多样，依据不同的标准可以划分为不同的类型。

根据网络化研发组织稳定性的不同，可将其划分为稳定性和变动性两类。网络化研发组织的成员关系可以紧密到以一种组织的方式运行，也可以仅仅以一种较为松散的合作关系来保障运行。当网络化研发组织是基于网络成员间的高度信任和相互依赖关系而形成时，成员进入或退出网络化组织往往有较为严格的程序，特别是在研究任务完成之前退出研发组织需要支付较高的成本，因此这类网络化研发组织往往是稳定的。当组织的开放程度高，作为行为主体的成员可以自主控制网络化组织中节点间联系，即自主决定联系的建立与中断、加强与减弱，成员能自由出入网络化研发组织时，成员间关系稳定性较低，这类的网络化研发组织会呈现出较强的变动性。变动性网络化研发组织在网络整体层面上表现为因吸纳成员导致网络边界的扩展和因成员协作关系中断导致网络边界的收缩。变动性较大的网络化组织不利于成员整体利益的提升，而且成员的单边性退出将有损信誉。根据治理结构的不同，网络化研发组织可以分为股权式和非股权式两类；根据成员知识获取方式的不同，网络化研发组织可以分为知识生产型和知识吸纳型两类；根据网络化研发成员构成的不同，可以将其分为企业联合开发型、产学研型和官产学研型三类。

1. 企业联合开发型网络化研发组织

这种研发组织是多家企业为了共同的研发目标，立足于各自的研发优势联合在一起形成的。成员根据各自的技术、市场或资源优势参与到研发过程中，通过与其他企业优势互补、相互配合完成整体研发任务，获得各自所需的利益。该种类型组织的特点在于，组织构成较为单一，资源投入和利益分配等方面界限清晰。但由于这类网络化研发组织的成员以企业为主，因此更倾向于在应用研究方面展开合作，研发的项目也更倾向于创新链的中后端。另外，网络化研发成员普遍都想在合作研发过程中保持自己的核心技术优势、增强自己的技术力量。因此，成员间优势资源的整合与技术知识的共享就成为研发项目管理的难点。

基于日本学者首藤信彦（1993）等的研究，可以进一步将企业联合开发型网络化研发组织细分为四种类型。一是与同一产业链上不同企业组成的网络化研发组织，如制造商与供应商或经销商之间结成的网络化研发组织。在这种网络化组织中，成员间合作的冲突较小，首要目标是保持战略的灵活性和创造附加值，其次才是保护核心能力和相互学习。二是与同一行业的非竞争企业组成的短期性网络化研发组织。此类网络化研发组织内合作成员尽管处在同一产业之间，但彼此一般有较大的差异，因而，相互学习成为成员参与网络化研发的另一重要目标。三是与处于不同行业的企业在某些特定研发领域内组成的交叉型网络化研发组织。这些企业一般不具备单独研发的实力，因而期望在技术或产品开发出来后再各自独立生产和销售。作为潜在的竞争对手，参与网络化研发组织的成员大多保持战略上的灵活性，以避免过于依赖其他成员，因此保护成员自身核心能力则成为网络化研发组织顺利运行的关键。四是与竞争对手在特定研究开发领域开展合作研发而组成的网络化研发组织。网络化研发成员在研发过程中的互动交流较为频繁，但参与成员有可能在最终的产品市场上成为直接竞争对手，冲突较大，因而灵活性和附加值不是关键，保护核心能力不被效仿才是关键。

2. 产学研型网络化研发组织

这种研发组织是由企业与高校或科研院所等非企业组织成员共同组成的。这类组织的成员构成相对较为复杂，且企业与高校、科研院所的组织目标和文化方面存在较大差异，进而对网络化研发组织的建立机制、管理流程、研发效率等都会产生一定影响，且组织成员利益的分配与协调也存在一定的难度。

企业作为经济部门，其根本目标是通过科学技术成果的商业化过程来提高产品的市场竞争力，实现企业自身利润的最大化。从创新系统组成要素的关系角度出发，企业往往处于网络化研发组织中的主导地位，发挥着组织能动性的核心作用。相对于高校和科研院所，企业不仅需要技术、应用技术，也在网络型研发组织的合作中提供相应的技术支撑。同时，企业是技术创新的主体。在创新初期的产品构思阶段，企业利用其敏锐的市场分析能力捕捉到最新的客户需求；在产品研制到研究成果的阶段，企业在参与研发的过程中对创新活动提供资金和设备支持；在产品成型到最终商业化的阶段，企业在高校和科研院所的帮助下进行小试、中试直至后续的产业化生产。在这一过程中，企业内部的知识存量得以增加，创新能力得以增强。在日益激烈的市场竞争环境中，为了及时有效地捕捉市场先机，占据竞争优势地位，企业必须快速更新、创造满足市场竞争需求的知识和技术。但是，企业在研发过程中会面临巨大风险，如对研发活动的巨额投资、企业难以解决的内部创新资源（信息资源、技术资源及人力资源等）的瓶颈问题及市场的不确定性等。因此，企业具有从外部企业或其他组织寻求帮助、合作的内在需要。

科研院所的目标是提高自身科研水平，将技术转化为生产力，实现社会效益的最大化。从创新初期的产品构思阶段，科研院所主要根据企业所发出的市场需求信息确定最终的研究方向；从产品研制到研究成果的阶段，科研院所作为研发部门，凭借较丰富的知识储量和完善的技术设备以及较强的知识创新能力来进行关键技术、共性技术的研发攻关；从产品成型到最终商业化的阶段，科研院所对产品样品进行检测或提供实验条件，帮助企业解决产品商业化过程中遇到的技术问题。另外，高校、科研院所在创新系统中还承担着教育和培训的职能，如对工程师、科学技术人员等科技创新人员的培训。科研院所不仅可以通过培训输送高素质的科技人员，而且可以通过人才集聚效应，吸引更多的科技型人才。中小企业的衍生和孵化可以提升区域内创新系统的创新能力。

目前，国内企业与科研院所之间的研发合作在不断加强。科研院所向外输送科研成果，而企业则向内输入科研院所创造出的新知识和新技能。在洞察市场需求方面，企业要与科研院所保持步调一致，因为科研院所与企业研究内容的配套性、信息交流情况、知识共享程度等都决定了企业的创新绩效。另外，高校培养出的人才是企业更好发展的重要保障。因此，企业希望与高校建立广泛的合作关系：一方面，企业需要及时准确地向高校传递人才需求信息；另一方面，高校为企业提供人才培训服务，有利于降低企业招聘人才以及培训人才的巨额费用。依托科研院所丰富的师资队伍与创新团队，培养出大批硕士生、博士生，建立重点实验室、工程研究中心及区域公共服务平台等，有利于高效集成科研院所内部创新资源，实现创新人才培养、联合技术研发、技术咨询、技术对接与扩散等社会服务功能。

3. 官产学研型网络化研发组织

这种研发组织的最大特点就是参与主体的多样化，除了企业、高校和科研院所外，往往还有政府有关部门的参与。各类主体依据各自的利益诉求参与到网络化研发组织中。由于缺乏信息或高交易成本等因素的限制，企业完全通过自身力量选择合作伙伴比较困难，而政府则可以在此方面发挥积极作用。该类网络化研发组织最大的优势就是政府的参与可以使研发的方向更加明确，使研发活动更具执行力，促使不同的主体从区域经济的角度出发考虑研发合作。

在市场经济条件下，政府加入网络化研发组织的目的包括两个方面：一方面，政府通过技术创新战略政策引导大型企业，进而提高整个产业的技术创新水平；另一方面，在政策和资金上扶持中小企业，增强中小企业的创新活力。为了实现上述目标，政府在技术创新中的职能和作用可归结为四个方面：一是通过政策法规鼓励公平竞争，促进风险投资、合作开发和高技术产品出口，为网络化研发组织的建立营造良好环境。二是建立能够促进技术产出、科技成果商品化的合作研究开发中心、产业共性技术研究中心等产业创新平台。相关政府部门通过建设和完善创新平台，集成区域内部与外部闲散、冗余的资源，并根据科技、经济发展战略要求，统一配置创新资源或引导资源向既定方向流动，通过共享区域创新资源、集中研发与公关、实现技术扩散等，推进区域创新发展。三是通过创新平台的人才培养、创新方法的学习、创新优惠政策的发布与实施等多项功能，可将自身的意志有效传达，实现引导创新主体行为的目的。四是为网络化研发组织内的企业开展技术创新活动提供较为广泛的教育培训。

过去，政府大多习惯按照“计划”对具体项目和工作进行“直接指挥”，由政府主持的工作比较多，而间接调控、引导、指导作用发挥得不够充分，有时甚至过于深入企业或具体的创新行为主体的内部。这种定位和行为的偏差是导致政府无法有效发挥功能、合理提高工作效率、推动企业创新发展的重要原因。随着我国经济体制改革的全面深化，政府工作的核心问题是如何处理好政府和市场的关系，使市场在资源配置中起决定性作用和更好地发挥政府作用。因此，在未来网络化研发组织的发展中，政府的作用更应体现为营造环境、建设支撑服务体系、协调服务、组织领导、配置资源。

3.2 网络化研发成员内部组织结构现状及其存在问题分析

网络化研发组织是一个由多个成员组成的研发合作体，其成员不仅参与网络化研发项目，还需维持自身的运营，因此，网络化研发成员的组织结构既是保证自身运营的重要条件，又是网络化研发项目顺利实施的组织保障。不同的组织结构决定了网络化研发成员实施研发项目所需资源的可能提供方式与相应的使用权限，对项目的实施会产生不同的影响。网络化研发成员可以采用多种组织结构，这些组织结构可能高度复杂或者极其简单，但都不是偶然出现的，而是组织应对内外部环境的结果。目前，网络化研发成员内部组织结构形式主要包括职能型组织结构、线性组织结构、矩阵型组织结构三种类型。

3.2.1 职能型组织结构

职能型组织结构是指网络化研发成员内部按照各种职能进行组织形式设计的一种内在结构。一个组织内部可能设立若干职能部门，包括生产部门、市场部门、工程部门、财务部门、研发部门等。采取职能型组织结构的网络化研发成员是由按职能划分的工作部门所组成的多层次性管理组织，其内部的职能部门在自己职能范围内独立于其他职能部门进行工作。每一职能部门内部又可再划分为若干职能组或设定职能工作人员，职能组或职能工作人员接受相应职能部门经理的领导（图 3.1）。

采用该类组织结构的企业在参与网络化研发项目时，主要由内部对所参与对项目实施最有帮助或最有可能使项目成功的某一职能部门负责，其他职能部门主要是配合该部门来共同完成项目。涉及职能部门之间配合的项目事务和

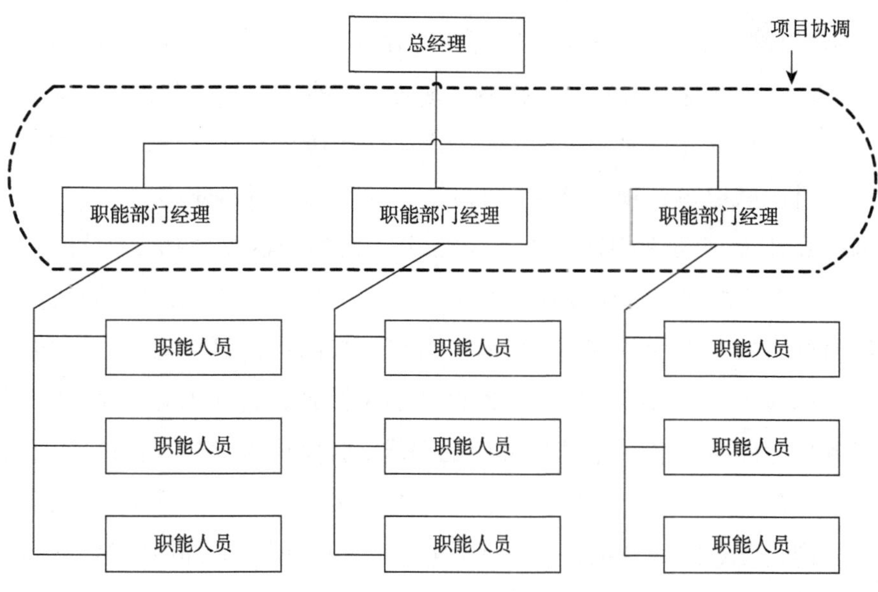

图 3.1　职能型组织结构

问题由职能部门经理层进行协调，由各个部门负责人共同处理和解决。这也将导致负责项目实施的职能部门难以充分调动组织的全部资源来实现项目的目标。此外，由于各职能部门经理总是从本部门的利益出发进行决策，因此项目协调一般比较困难。采用此类组织结构的成员是将网络化研发成员所承担的子项目支解并置于各职能部门中，而后由某职能部门负责人来解决需要协调的问题，也可以看成在原有职能组织形式中进行网络化研发项目的组织和实施，属于一种典型的面向运营的组织结构。因此，职能型组织结构主要适用于网络化研发成员承担的项目规模不大，对自身人力资源、专业能力等方面要求不高的情况，根据项目专业特点，直接将项目安排在组织内部某一职能部门内部进行。

网络化研发成员采用职能型项目组织结构参与网络化研发项目具有如下几方面的优势：首先，职能部门人员拥有较为接近的专业知识和技能，将他们归属于同一部门可以打造良好的交流环境，并减少人员和设备的重复配置，从而形成专业化优势。部门内比较容易沟通，工作效率高，重复工作少。其次，项目在这种职能型组织结构中实施，在不需要打断组织日常活动和调整组织结构的情况下，就可以使网络化研发项目获得部门内的知识和技术支持，同时在项目实施过程中积累的知识也可以直接留存于组织之中，不会随着项目的完成而流失，有利于提高组织的专业技能，促进组织的知识积累与深度开发。最后，项目团队成员仅需完成要求的工作，同时与他们的职能部门保持最大的联系，这使得项目团队成员在项目结束后的职业生涯不会受到影响。

网络化研发成员采用职能型项目组织结构参与网络化研发项目的不足之处在于，主要承担网络化研发项目的部门往往为追求本职能部门的目标而难以对全局目标有较为全面的理解，从而使组织参与网络化研发项目的最初目标可能无法全部达到。从事相应项目的团队成员更多地关注于所在的职能部门，在完成指派任务时往往会忽略其他部门的要求，这使得跨部门合作的实现比较困难。同时，在职能型组织结构中，由于各职能部门的利益与义务不同，项目能够做到局部优化，因为当项目由一个职能部门负责时，该部门的努力是较为充分并且有效的。然而同项目没有直接关系或者无法从项目中获利的部门将只会尽可能承担最少的责任。在这种组织结构下，项目团队的工作和协调是在职能部门经理层面上进行的，项目经理权限很小，而且由于项目经理和项目管理人员大多是兼职参与网络化研发项目，因此项目团队只能按照一种相对较为松散的协调关系来建立。除此以外，这种组织结构的特点使跨部门之间沟通较为缓慢，职能部门之间优先权的竞争问题也难以得到很好解决，从而可能影响团队成员的积极性。

3.2.2 线性组织结构

线性组织结构是指网络化研发成员内部部门全部是按项目进行设置的，每一项目部门均由项目经理负责整个项目的实施（图 3.2）。参与项目的人员按照项目实施的需要进行分配与组合，并接受项目经理的领导。项目经理对项目的总体结果负全部责任并具有较大的独立性和对项目的绝对权力，对本部门资源的使用具有唯一的控制权，同时也能决定项目成员的引入与工作时间。同时这类组织内部也常设置有若干子部门，但是这些子部门一般直接向项目经理报告工作或者为不同的项目提供支持服务。

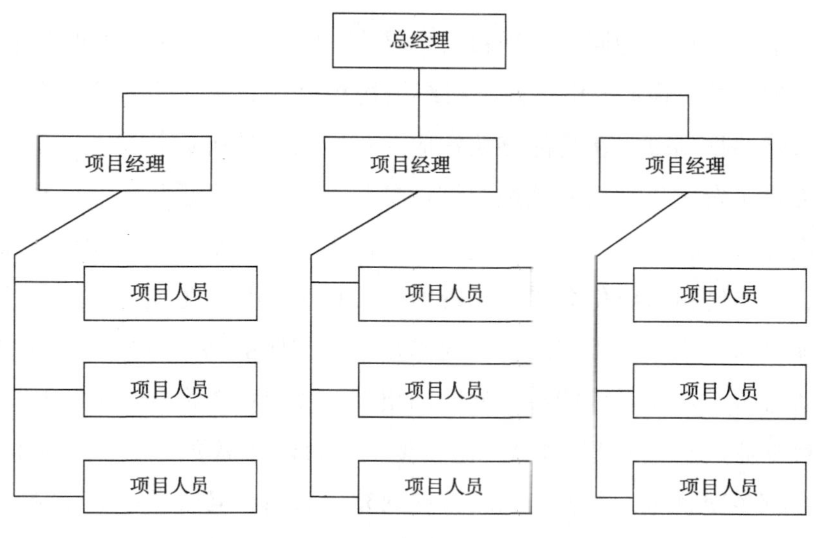

图 3.2　线性组织结构

线性组织结构是一种面向任务或活动的组织结构，在采用该类组织结构的组织中，每个项目由一个专门的项目团队负责，这个团队也是组织中独立的业务部门。项目活动的协调就在项目团队内部进行，每一项目均有具有不同技能的独立人员为之工作。在这种组织结构中，项目经理是专职人员，具有较大权力和较高权威性，且团队内部上下沟通便捷、易于协调，能快速地响应外部变化并做出决策，有利于项目的顺利实施。在线性组织结构中，绝大多数人员隶属于项目实施部门，专门从事项目工作，只有少数人从事职能管理工作。组织内的其他职能部门的主要作用是配合项目经理的工作，确保项目经理拥有足够的资源。这种组织结构适用于具有价值高、周期长、规模大等特点的网络化研发项目。

网络化研发成员采用线性项目组织结构参与网络化研发项目，相对于职能型组织结构具有如下几方面优势：首先，项目部门可以从总体对所负责项目的计划实施予以考虑，并对项目实施统一的目标规划与控制，有利于项目目标的实现。其次，项目经理与职能部门经理之间不是上下级关系，事关项目的所有工作都由项目经理管理和负责，项目经理的责任和权力较大。因此关于项目的相关决策速度较快，不会发生需要向职能部门咨询或职能部门否决项目团队决策所带来的延迟问题。再次，项目部门运作的焦点是基于项目的，每个项目团队成员都了解项目并为同一个项目目标努力，从而可以确保组织拥有绝对充足的项目管理资源。最后，由于此类组织结构相对灵活，所以组织与项目团队内部的沟通能够得到改善，且能够快速应对可能出现的机遇。

网络化研发成员采用线性组织结构参与网络化研发项目，相对于职能型组织结构也具有一些不足之处。首先，组织内部各项目部门之间的横向联系少，专业化、标准化和通用化会相对比较困难。其次，由于设备、人员等资源不能在多个项目间共享，该组织结构的成本较高。与职能部门各自控制资源不同，项目团队必须全职应对可能在任何时间出现的项目，这就导致项目组织雇佣过量的项目专业人员，组建与维持一定数量的项目团队需要花费较大成本。因此，当企业有较多项目时，组织资源能够得到充分利用；但当项目不多时，就可能出现资源浪费的情况。此外，由于内部依赖关系强，项目团队与外界沟通可能存在不畅等情况。同时由于项目各阶段工作重心不同，极易出现专职人员忙闲不均、总体工作效率低下等问题。最后，要维持技术或知识资产的供给相当困难，而这正是职能型组织结构的优势。许多项目组织常常为不同的项目雇佣专业人员，这些人员完成他们的工作并在合同终止时离开组织，同时也带走了他们的专业知识。

3.2.3 矩阵型组织结构

矩阵型组织结构是兼具职能型组织结构和线性组织结构特征并将二者合二为一的一种组织结构。按照与职能型组织结构、线性组织结构接近程度的不同，矩阵型组织结构又可分为弱矩阵型、中矩阵型和强矩阵型三种形式。这是为兼顾日常运营与项目开发而创立的一种组织结构形式。

弱矩阵型基本保留了职能型组织结构的主要特征（图 3.3），但在网络化研发项目中，组织成员为了更好地实施网络化研发项目，可以建立主要由各职能部门的职能人员组成的项目团队。但项目团队多数是临时性的，而且团队的大部分人都是临时从事项目工作，而且在弱矩阵型组织结构中并未明确设置对项目目标负责的项目经理，即使有项目负责人，他的角色也只不过是一个项目协调者或项目监督者，而不是一个管理者，因此，管理权力与能够获取的资源也都十分有限。对项目管理而言，弱矩阵型优于职能型组织结构，但由于项目化特征较弱，当网络化研发项目涉及各职能部门且产生某些矛盾的时候，因为项目经理没有一定权力，所以来自各职能部门的项目人员很可能就从自己本部门的利益考虑来处理问题，职能部门的负责人也必然会按本部门的利益对本部门参加项目的项目人员施加影响力，而项目人员的唯一直接领导仍是各自职能部门的负责人。综合来看，采用弱矩阵型组织结构的网络化研发成员的项目协调还是比较困难的。

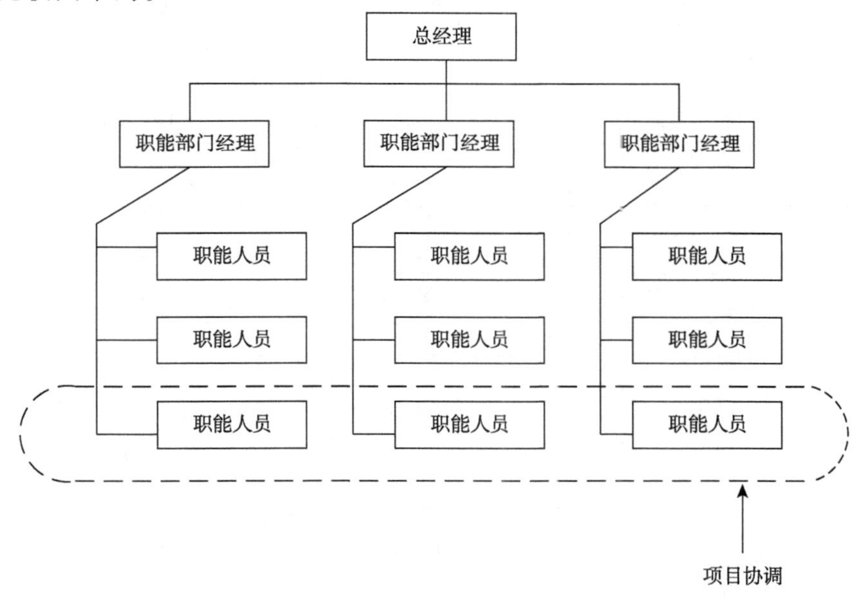

图 3.3　弱矩阵型组织结构
虚线框内为参与项目活动的成员

为强化对项目的管理，部分网络化研发成员采取了中矩阵型组织结构。中矩阵型组织结构是对弱矩阵型组织结构的改进，是职能型组织结构和线性组织结构间相对均衡的一种组织结构。网络化研发成员在其内部建立了正式的项目团队，团队成员主要是从相关职能部门中选出的，在此基础上从职能部门参与本网络化研发项目的成员中任命一名项目经理，对项目总体进展与项目目标实施情况负责（图 3.4）。项目经理既可以是专职的，也可以是兼职的，但他们的权力要比在职能型组织结构中大得多。项目经理可以调动和指挥相关职能部门的资源来实施项目，在项目上具有相应的权力，因此中矩阵型组织结构较弱矩阵型组织结构对项目管理有利。但中矩阵型中的项目经理是某一职能部门的下属成员，因此也不得不接受所在职能部门经理的直接领导，必然会受本职能部门利益的影响。同时，项目经理又是其他职能部门经理的间接下级，项目经理的权力和工作也必然受到限制和影响，项目协调不能完全充分和顺利地进行。

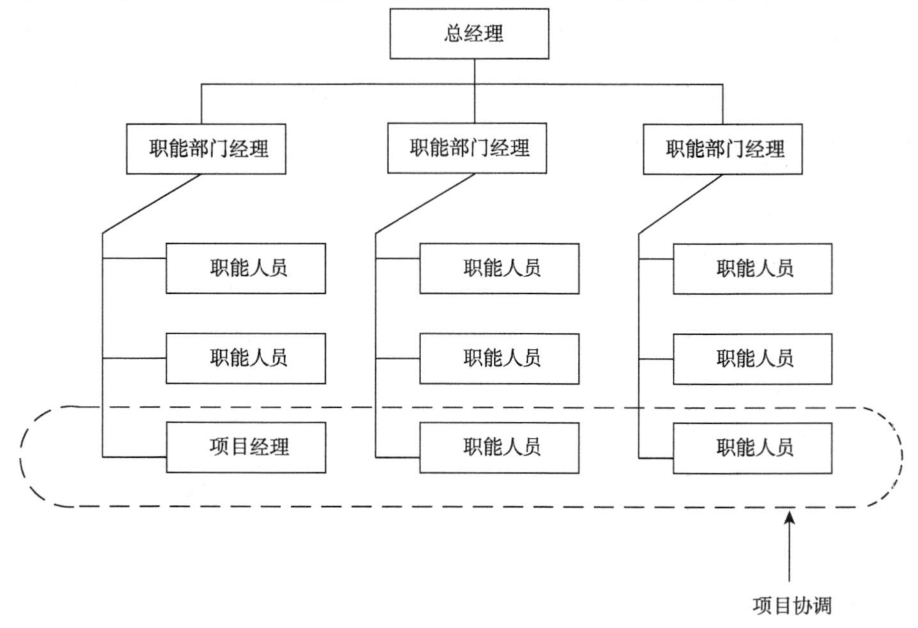

图 3.4 中矩阵型组织结构
虚线框内为参与项目活动的成员

强矩阵型组织结构具有线性组织结构的主要特征。参与强矩阵型组织结构的网络化研发成员中，组织最高领导（如图 3.5、图 3.6 中的总经理）任命对项目全权负责的项目经理，项目经理直接向最高领导负责，或者在组织内部增设与职能部门同一层次的项目管理部门，直接接受最高领导的指令，项目管理部门再按不同项目需要委任相应项目的项目经理。项目管理部门的负责人由此也被称为项目经理的经理（图 3.6）。采用强矩阵型项目组织结构的成员参与网络化研发项目时，资源由职能部门拥有和控制，每个项目经理可以根据项目需要从职能部门调用资源；各项目组均为临时性组织，项目任务完成后即解散。项目经理领导项目团队通过项目管理职能协调各职能部门派来的人员以完成项目任务，并向项目管理部门经理或总经理负责；相对于其他矩阵型组织结构，强矩阵型组织结构的项目经理拥有更多的权力，能控制大多数项目活动与功能，包括任务分配以及对项目资源的控制，并具有关键的决策权。尽管职能部门经理对从其部门抽调到项目团队的人员有一定的权力，但在大多数情况下这种关系都只是一种协商关系而非上下级之间的命令关系。当网络化研发成员拥有的人力资源较少而项目机会比较多时，它所面临的挑战就是要尽可能高效地利用人力与物力资源以支持最大数目的项目。因此，强矩阵型组织结构适于需要同时承担多个规模与复杂程度不同的项目管理的组织。

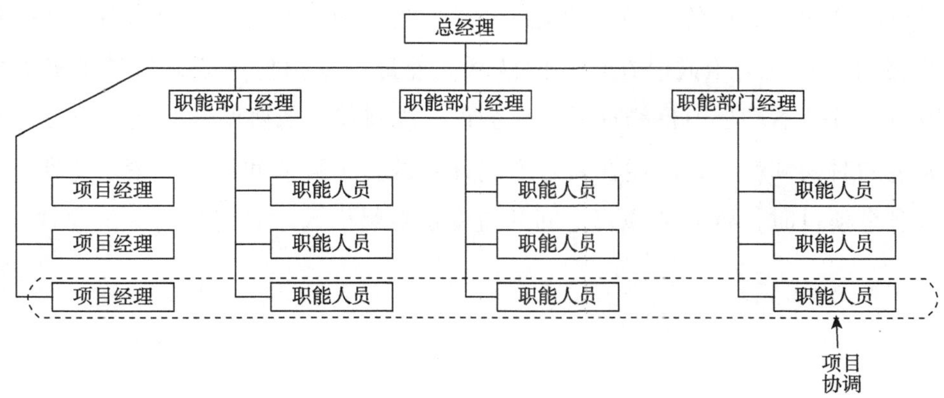

图 3.5　强矩阵型组织结构 I（无项目管理部门）

虚线框内为参与项目活动的成员

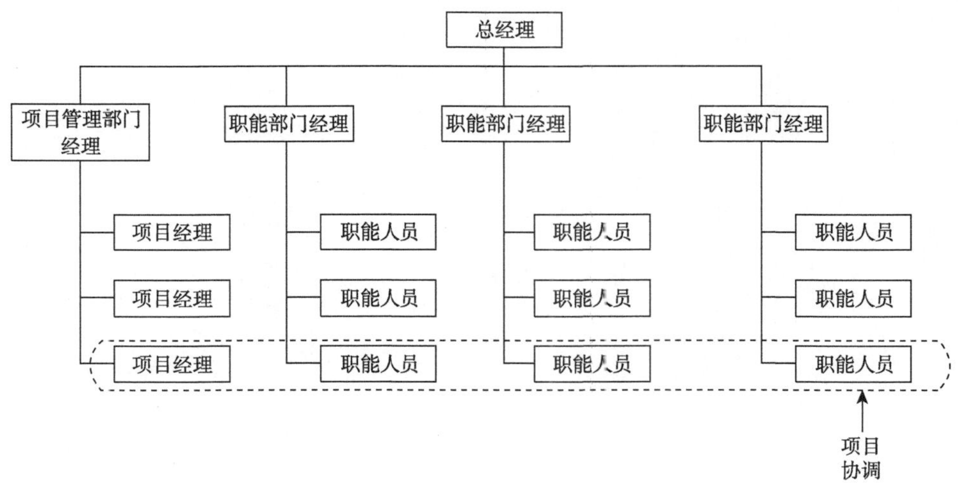

图 3.6　强矩阵型组织结构 II（有项目管理部门）

虚线框内为参与项目活动的成员

参与强矩阵型组织结构的网络化研发成员，其员工及相应设备一般归属于职能部门，这些资源能够为适应项目变化而在多项目之间流动，从而使网络化研发成员内的资源能够得到有效利用，减少资源的重复购置，避免可能出现的冗余浪费。不同部门的专家可在项目实施过程中进行交流与合作，从而实现信息的即时传递、问题的及时发现和决策的快速做出。但强矩阵型组织结构仍然无法避免形成多个权力点的矩阵型组织结构的通病，违反了命令单一性的原则，从而可能给项目管理带来负面效应。项目团队的领导和职能部门的负责人有时可能会向其成员传达相互冲突的指令，当这两个部门共享权力时，这些相互冲突的信息就会给同时在项目团队和职能部门承担任务的人员带来极大的挫败感。另一不足是项目经理需要在会议、谈判和其他协调性职能工作方面花费大量的时间和精力，以便在有着不同计划的多个群体间做出决策。此外，当进行多个项目时，资源在项目之间的流动也容易引起项目经理之间的争执。

第 4 章　网络化研发成员内部组织结构创新的影响因素分析

随着知识经济时代的到来，企业必须以更快的创新速度来不断创造更为先进、更为复杂也更能满足竞争需要的知识和技术，维持和增强其市场竞争能力。但是，研发活动所需要的巨大投入和所具有的内在不确定性，又会导致企业出于降低研发风险等方面的考虑而产生与其他企业或组织共同开展研发合作的内在需求。目前，合作竞争已成为网络经济时代的新竞争形态。网络的支持，使企业之间可以建立起动态的、灵活的合作关系，网络化研发组织就是其中较为重要的一种组织形式，它有利于集成不同企业的核心能力、实现优势资源共享，以便应对不断缩短的产品生命周期和日益激烈的市场竞争环境。网络化研发组织是一个开放、动态的系统，组织结构是其内部成员分工协作的基本形式，不仅决定着组织对资源的配置方式，而且影响着组织的运营效率和环境适应能力。因此，网络化研发成员需要适时改进其组织结构形式，在符合自身运营的基础上，增加对网络化研发组织的嵌入程度，提高组织运营效率。

结构权变理论认为管理者必须根据情况的变化不断调整组织结构，不存在普遍适用的、最好的组织结构设计。Kim 和 Utterback（1983）、Jensen 和 Meckling（1995）、Achrol（1991）、Simon（1993）等学者最初侧重于从单一视角研究企业组织结构变化的影响因素，提出了组织结构设计和选择与战略、环境等因素有关。随着企业及所处环境日趋复杂，Moore（1993）、Dobrev 等

（2002）、Massini 等（2002）越来越多的学者倾向于用组织理论、复杂性学说、组织生态学等来分析和解释企业组织结构的演进，认为企业组织结构的变化受到企业内外部诸多因素的影响，是多种因素综合作用的结果。截至目前，很多学者对企业环境、战略、技术、生命周期、规模等影响组织结构设计的因素进行了深入研究。这些因素既能单独发生作用，又能交叉影响企业对组织结构形式的选择。未来的企业组织结构设计应着眼于整个网络组织，而不只是着眼于单体企业（高燕翔，2007）。

对网络化研发组织的相关研究成果进行梳理可以发现，现有研究主要集中在网络化研发成员之间的关系、组织形式及成员在网络组织中的位置及其对组织创新绩效的影响等方面。这些研究虽然在一定程度上揭示了网络化研发组织的内在运行机制以及网络化研发组织与参与主体之间的作用机理，但对网络化研发组织参与主体的内在组织结构却较少关注。因此，本章主要对网络化研发成员内部组织结构创新的影响因素进行分析，以期为后续的组织结构创新设计及评价奠定研究基础。

4.1 网络化研发成员的网络位置

网络位置是指网络中的节点通过介入复杂的网络联系而在网络中占据战略位置的重要程度，反映了节点在网络中所处的地位次序，是行动者之间关系建立的结果。在网络化研发组织中，网络节点的联结会生成网络资源。网络资源代表了成员获利机会的多少，直接影响其战略行为。

网络化研发组织的成员通常会陷于复杂多变的合纵连横中，成员在网络中所处的位置不同，触及与控制资源的数量与质量不同，在网络中的影响力也不同，它们从合作中获益的能力也会随之不同。成员在网络化研发组织中的网络位置可分为中心位置、中介位置和边缘位置三类。以中心位置为例，与网络中的其他行动者存在较多的直接联系并占据着网络中的主要地位是网络中心位置行动者的最主要特征。由于占据中心位置的成员掌握着相较于其他成员更多的信息渠道，因此对其分享知识和获取信息具有很大的推动作用。Koka 和 Prescott（2008）等认为，网络中心位置可以为企业提供接触重要且有价值信息的机会，因为它们和网络内其他成员有直接联系，占据中心位置的企业可以获得更多竞争和战略优势的机会。通过这种密切的联结关系，占据中心位置的企业可以更加快速地获取有价值的信息资源。在通过直接联系来减少成员搜索信息成本的同时，企业搜索和转移信息过程的效率也将获得很大程度上的提高。另外，占据中心位置的成员在汇聚多源头信息的同时也争取到了更多与其他成员合作的机会。处在多重联结关系的网络中，成员之间相互依赖，而这种依赖关系又直接影响着成员间的资源承诺程度。资源承诺程度越高代表着成员间合作的频率越高，同时也提升了合作关系的“质量”。组织成员正是由这种直接关系推动，在合作中增加成员间的彼此了解，促进隐性知识在成员间的转移，并最终占据了网络中心位置。Powell 等（1996）认为，在挑选合作伙伴时，位于网络中心位置的企业拥有更大的机会被挑选为合作伙伴，从而分享到中心地位带来的好处。王宇露和李元旭（2009）认为企业网络位置的中心性是影响企业学习的重要因素。网络化研发组织的形成多是由于成员利益上的趋同，而资源的汇聚多会导向处于中心位置的成员，所以该类成员通常会被提升至强势地位。知识、信息资源的共享机制是影响成员组织结构创新的重要因素之一，而知识、信息等资源的有效流动又是网络化研发组织形成的动因之一，并影响着网络化研发组织的研发效率甚至组织的稳定性。相比于其他成员，占据中心位置的成员接受的知识量更多、知识传递的速度更快、界面更为复杂，这就要求其在进行内部组织结构的设置时，必须考虑到组织内部部门之间的合作以及员工之间的知识沟通等方面的需要。因此，占据中心位置的成员为了更好地利用位置优势，可能需要对其组织结构进行必要的调整甚至创新，如授权力度更大、权力分配更加细化、控制跨度及垂直幅度同时缩小等，从而使组织结构慢慢趋向于权力分化、扁平化、网络化等方向。

中介位置是指在较复杂的关系网络中，通过与分散的、非重复的联结点联系的主体所占据的位置。占据中介位置的行动者拥有较多的网络资源，控制着与其他节点之间的资源流动，处于权力较高的位置。提出结构洞概念的 Burt（1992）认为，如果网络成员之间并不存在十分稳定和紧密的信任关系，那么双方之间的信息与资源的交流就会更多地依赖那些与双方都具有良好关系的第三方。从这一意义上说，在网络化研发组织内部，成员能否充分发挥网络中的互动与协调机制，获取所需的信息、资源与控制优势，与其是否占据中介位置具有很大的关联。网络化研发组织中处于中介位置的成员所具有的信息中转站或桥梁的角色使其获得了更多的获取多样性资源的机会，同时处于信息的交汇点也为其带来了更加关键的资源和信息。相比于中心位置，占据中介位置的成员在资源独占性及信息、资源的共享机制方面存在着较大的差异，这类成员承担着各种信息群以及成员间的桥梁作用，其组织结构应该是可以方便在不同类型合作伙伴之间自由调整的。

本章从网络化研发组织的实际运行情况出发，提出了中心位置、中介位置以外的第三种网络位置，即边缘位置。在衡量网络位置时，一般采用网络中心度来进行量化考察，网络中心度越低说明网络位置的边缘化越强。这类成员一般居于研发网络的最外围，与中心位置成员的资源独占性优势以及中介位置成员的资源多元化特点相比，在信息资源共享方面优势较少，因而通常处于联结关系的末端，获得的网络内部资源在层次、时效性及类型上都较差。对于处于边缘位置的成员而言，依然存在着对其组织结构进行创新的动因，主要体现在两个方面。一方面，处于边缘位置的成员希望通过组织结构的改变来更好地体现自身在整个研发网络中的价值，提升自己的网络位置。例如，通过创新组织结构来更好地将自身资源运用在网络化研发活动中，或增强与其他成员的合作关系。另一方面，由于处于边缘位置的成员游走在网络化研发组织的边缘，因此受到的网络制度或是界面规则的强力约束较少，但这也意味着其所面临的外部环境变化程度更大，有更多的与其他外部网络接触并获取更多异质性资源的机会。因此，处于边缘位置的成员更需要通过调整自身的组织结构来适应网络化研发组织内外部环境。

占据不同位置的行动者在较复杂的关系网络中，借由与网络化研发组织中其他成员联系来使其获取更多的网络资源并同时控制着与其他节点之间资源的流动，并慢慢促使自身占据更有利的位置。这就要求占据不同位置成员的组织结构只有据此进行相应的创新才能更好地嵌入网络化研发组织中。

4.2　网络化研发成员的边界模糊性

相对于封闭式创新的组织而言，作为网络化研发组织的参与成员，其边界存在着一定的模糊性，因此要求组织结构能够与这种模糊性相适应。网络化研发成员的组织结构边界一般可分为垂直边界、水平边界、外部边界、地理边界和心理边界五种（图 4.1）。垂直边界是指成员内部的层次和职业等级；水平边界是分割职能部门及规则的界限；外部边界是成员与其客户、供应商、管制机构等外部环境构成要素之间的界限；地理边界是区分文化、国家和市场的界限；心理边界是网络化研发组织内部成员和外部利益相关者对价值观、经营理念、认知、感受和评价等认识的心理界限。网络化研发组织的良好运转要求成员间加强合作，占据不同位置的成员与网络内其他成员间联结关系的密切程度不同，这使得其组织边界呈现出不同程度的模糊性。因此其组织结构应能够与这种模糊性相适应。

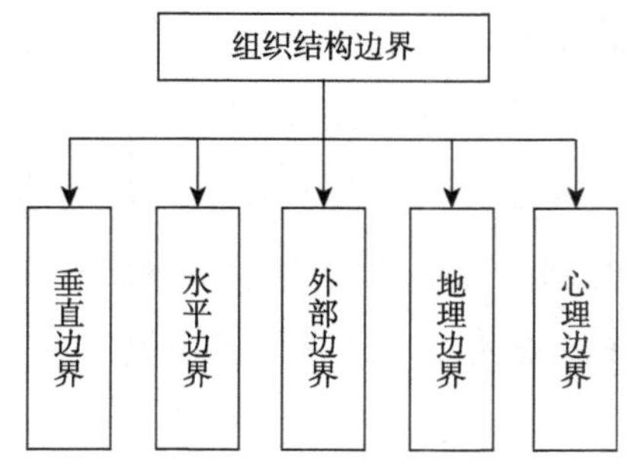

图 4.1　网络化研发成员组织结构边界

首先，具有明确边界的组织通常采取的是高度集中的决策方式，而边界模糊的组织则需要采取分散化的决策方式。在网络化研发项目实施过程中，很多决策往往是由直接对结果负责的员工而不是由组织的高层决策者做出的，这就要求成员组织内参与研发合作的员工应具有一定程度的自主权，以便在增加员工参与度的基础上，缩短从决策到执行的时间，以提高决策的准确性。实际体现出了垂直边界模糊组织权力分散化的特点。

其次，网络化研发成员内部各个层级之间应是互相渗透的，相关的信息、资源能够快捷便利地穿过内部边界，促进各项工作顺利展开和完成。这样参与研发合作的员工才会做出与组织的目标和战略一致的决策。依据网络化研发项目实施的需要，不同成员内的员工和部门需要整合，在研发的过程中，成员可以获得大量的信息、经验和方法，这就要求成员内部建立相应的知识分享机制，使信息在成员内部的相关个体和群体间的流动更为通畅和快速。这就要求成员内组织结构的水平边界具有模糊性。

最后，网络化研发组织作为一个整体，它的良好运转要求信息、技术等在成员间能够快速、有效地流动，同时也要求成员内参与研发合作的员工终身学习，并将学习到的知识与其他员工共享，而且每个员工都需要系统思考，进而增强个人知识与经验，改变整个组织行为，使之与其他成员间联系更为紧密，也更适合网络化研发的环境。所以网络化研发组织的运行要求各个参与成员之间的外部边界以及不同成员内部参与网络化研发项目的员工之间的心理边界具有一定的模糊性，只有这样才能真正使涉及网络化研发合作的各成员紧密协作并形成统一整体。此外，网络化研发组织内部的成员可能具有不同的文化、国别，网络化研发组织的良好运转就要求成员必须跨越这种地理边界，成员之间相互依赖，更好地嵌入网络化研发组织中。

综上所述，网络化研发成员边界具有模糊化的特点，这就要求成员的组织结构只有据此进行相应的创新才能更好地融入网络中，且更好地与其他成员为了共同的研发目标进行充分的信息、知识的交流。

4.3　网络化研发成员的战略导向

企业组织结构形式与战略密切相关。美国著名学者 Chandler（1962）是最早对战略与组织结构的关系进行研究的学者，他在研究美国企业组织结构和经营战略的演变过程时发现，企业的组织结构直接关系到企业战略是否可以得到有效执行，进而得出战略决定结构、结构必须适应和追随战略的结论，也就是说，企业组织结构不仅具有多样性的特征，还具有动态适应性的特征。企业的战略决定着企业组织结构的设计与选择，反之，企业战略的实施过程及效果又受到所采取的组织结构的制约。Miller（1986）在对战略分类与组织结构关系进行深入研究后发现，实施市场领先战略的企业，内部沟通协调事务增多，适于采用以创新为导向、具有较强柔性化和分权化、较低专业化和正规化特征的有机式组织结构；实施成本领先战略的企业，要求组织内部沟通更为频繁和直接，则需要采用具有专业化和正规化等特征的机械式组织结构；而实施市场跟随战略的企业，最需要利用机械式组织结构严格控制现行业务成本，同时为了适当增加灵活性，还可以创立有机结构单元开展新业务。此外，企业战略选择规范着组织结构的形式，具有不同战略目标的企业往往采用具有差异化特征的组织结构。因此，只有组织所选的组织结构与所制定的发展战略相适应时，组织的竞争力才能保持并持续发展下去。

网络化研发成员所处的行业、发展的阶段、发展战略、核心竞争力等方面存在着一定的差异，发展的不同历史阶段，应有不同的发展战略，这也决定了网络化研发成员应采取相应的组织结构来保障战略目标的实现。网络化研发成员的战略导向不尽相同，除了领先战略、模仿战略、跟随战略外，有的成员采取的是技术推动型战略、市场拉动型战略或技术与市场混合型等战略，不同的战略对组织结构的要求不同，成员在对组织结构进行调整或创新时，考虑的目标、重点、依据的原则也会不尽相同。

一般来说，网络化研发成员倾向于减少中间层级而使组织结构呈现扁平化态势，以组建临时项目团队等形式实现对非例行情况的快速应对。同时，网络化研发成员也关注成员间的合作关系，并利用成员间关系作为企业战略实施的重要手段，进而使组织结构具有柔性化特点。

4.4 网络化研发组织模式

在研发组织模式方面，学术界早期侧重于对跨国公司进行研究，其中比较有代表性的是王毅等（1999），他们根据跨国公司全球研究开发网络中各研究开发机构的特点和研究开发网络的协调方式，将研究开发网络分为星形和蛛网两种类型。随着网络化研发的重要性日益被企业所重视，现有的相关研究范围已逐步扩大。方放和王道平（2008）的研究重点则是高技术企业协作研发网络的组织模式，他们将高技术企业协作研发网络的组织模式分为中心-卫星式、竞合式和蛛网式三种。上述三种组织模式体现了网络联结从中心企业主导到网络成员地位对等的一个演变过程。基于 Cassiman 和 Veugelers（2002）、Bloch 等（2005）、Cantner 和 Graf（2006）等学者的研究，可将合作研发组织的特征进行如下总结：首先，合作研发组织的规模不断扩大，同时，节点的数量以及每个节点联系的数量也会随之增加；其次，合作研发组织联系越来越紧密；再次，尽管研发组织规模扩大了，但节点间的平均距离是固定的；最后，两个已建立联系的节点具有和共同的第三方建立联系的趋势。此外，他们还重点研究了研发组织中的环状模式及星状模式，在环状模式中，为了搜寻组织合作伙伴，成员将付出较高的成本，这可能会促进涉及中间合作伙伴的网络化研发的形成，并进一步导致地理位置相近的合作链的产生。在星状模式中，由知识溢出所引致的非直接的利益可能会产生积极的反馈回路，通过这个回路，成员与少数超联系的节点相连接，从而使它与整个组织的联系越来越紧密。从上述研究可以看出，网络化研发组织模式的不同必然会影响到组织内成员间的关系、成员在网络化研发组织中的角色及地位，那么也就意味着成员的组织结构应随着网络化研发组织模式的不同而进行相应的调整或创新，而不应当用现有的组织结构去适应基于成员合作产生的网络化研发组织。

4.5　网络化研发成员规模

规模是影响组织结构和功能的重要因素，组织规模通常是指一个组织所拥有的人员数量以及这些人员之间相互作用的关系。人员的数量在某种程度上对组织结构的影响是决定性的。Turner 和 Woodward（1970）的研究表明，组织结构与其生产技术系统有极密切的关系，大规模生产企业似乎更需要采用正式组织结构，而小规模的企业适于采用松散的组织形式，更依赖相互调整。Mintzberg（1993）研究发现，随着企业规模扩大，组织复杂度会提高，企业对组织结构专业化、规范化和分权化水平的要求也会相应提高。Robbins（1983）认为组织规模对组织结构的影响表现为非线性，当企业达到一定规模后，员工数量的增加对组织结构的影响在逐渐减小。Daft（2012）研究表明规模大的组织更倾向于具有更高程度的专业化、规范化和分权化水平，其内部的规章制度也更健全。

就网络化研发组织而言，内部成员规模不等，成员除了面临不同的经营环境外，还要面临网络化研发组织这一环境。相对于规模小的成员，规模大的成员本身需要处理的信息量就更大，沟通需求就更多。为了减少信息的损失或失真、提高信息的处理效率、降低内部协作成本，在设计组织结构时，规模大的成员可能会增加相应的职能部门或设置专门的岗位来处理与网络化研发项目相关的事务，以保障组织的高效运转。

4.6 网络化研发成员技术复杂程度

技术发展将导致企业内部分工协作关系的改变，组织结构的设置通常能够降低技术的不确定性并增加技术的可嵌入性。因此，技术的发展要求组织重新设计组织结构以便充分发挥技术的优势。Woodward（1980）研究发现，随着技术复杂程度的提高，组织结构的复杂程度也相应提高，管理层级随之增加，管理幅度随之降低。技术的多样性和可分析性程度决定了企业是采用机械式组织结构还是有机式组织结构。研究发现技术越是常规、简单，组织结构就越呈现规范化和专业化的特征，组织结构形式就越偏向于机械式结构；技术越是非常规、复杂，组织结构就越具有灵活性和分权化的特点，组织结构形式就越倾向于有机式的组织结构形式。

复杂性程度较高的技术往往不能被某一个专家甚至某一个企业完全掌握，而需要融合不同学科的专家、不同企业的知识和技能，因而会对组织结构产生影响。技术的复杂性程度决定着研发过程中网络化研发成员所使用的专家和研发人员的数量，以及这些人员所掌握的知识、技能的交叉性。复杂性程度低的技术研发，只需在一个部门（如研究开发部门）内就可以完成。在此情境下，组织的权力和决策集中在高层，员工严格按照组织的规范和程序行事，部门间的联系较少，组织结构更倾向于采用职能型结构。而复杂性程度高的技术研发则需要集成多个部门（如市场、研发、制造等）的力量，有时则需要成立一个临时性的研发团队来集成不同部门甚至不同组织中专家的知识和技能，强调工作的自主性和部门之间的协调，组织倾向于采用矩阵型或项目型的组织结构。可见，复杂性程度不同的技术研发需要不同的组织结构与之相适应。因此，技术复杂性对网络化研发成员组织结构具有影响作用。随着技术复杂性程度的提高，组织结构趋向于矩阵型或项目型结构，这类组织结构能够集成网络化研发成员内部不同部门、不同员工的知识和技能，能对外部技术的变化做出快速的反应，具有较强的灵活性和适应性，是一种有机性组织结构。

4.7　网络化研发成员面临的环境

组织与其外部环境的关系是传统组织管理理论研究的一个焦点，研究者们希望在了解两者之间关系的基础上，根据环境变化的趋势确定组织结构的形式，制定相应的经营发展战略（刘洪，2004），进而使组织结构适应组织战略。复杂多变的环境条件将使信息的时效缩短，这将会产生企业组织对信息收集以及基于信息而做出快速反应的巨大需求，并且，组织也将更加关心所需的各种资源的可获得性是否能够得到保证，由此所产生的不确定性将增加组织对环境反应失败的风险。调整组织结构则是降低这种风险的一种有效途径。Child 和 Rodrigues（2011）认为企业环境越稳定，企业组织结构越具有专业化、规范化和集权化的特征，反之，组织结构则具有柔性和分权化的特征。Lawrence 和 Lorsch（1967）在对美国的集装箱、食品和塑料三个行业的研究中发现，企业所处的环境条件明显地影响了其对组织结构形式的选择。Burns 和 Stalker（1994）认为最有效的组织结构是能主动调整且适应环境要求的组织结构。企业环境简单、稳定，内部部门和人员的职责界限分明、等级结构严密、工作内容和程序详细明了、各部门的权责关系相对固定，因此组织应采用机械式组织结构；而不确定的、动态的企业环境则要求企业组织结构具有灵活、柔性的特点，各部门的权责关系和工作内容应经常进行适应性的调整，更强调部门间的横向沟通而不是纵向的等级控制，因此适于采用有机式的组织结构。Robbins 和 Judge（2008）也指出企业环境是影响企业组织决策、经营行为和经营绩效的重要因素，因此，应基于环境设计合适的组织结构。

目前，企业信息化给组织带来的变化之一是信息沟通网络化，这使得原有的金字塔式的纵向等级组织结构无法适应这种变化。为使企业信息化充分发挥作用，出现了一些新型的组织结构形式，如环型组织、虚拟组织等（Ackoff, 1989），在环型组织这种组织结构中，一个经理和其直接的上下级、重要的同事和外部合作者共同构成一个团体，这个团体负责计划及与其他团体的协调，并评价管理绩效。这种组织形式被认为可提高组织的民主性、适应性及工作质量。这种组织结构的存在表明，在现代组织中民主和责任并不相冲突。而虚拟组织是一种主要依靠外部资源并与外部组织临时组建动态联盟的组织形式，它将传统的集权式组织结构发展为开放式网络组织结构，具有人力虚拟化、结构虚拟化、信息网络化、并行分布式作业和组织动态化等特征。

在网络化研发条件下，"环境-战略-组织结构"的调整思路变得更为复杂。因为作为组织战略、组织结构调整的重要依据，网络化研发成员的外部环境更为复杂，其主要包括两个层面，即网络化研发组织内部其他成员所构成的网络化研发组织内部环境和网络化研发组织所面临的外部环境。网络化研发成员不仅是独立的个体，而且是网络化研发组织中的节点，其内部员工的行为需要从其所处的环境中获取支持，根据其所处的环境做出恰当决定，也就是说，员工必须根据环境的变化决定自己的行为，因此需要组织结构能够支持其在特定情况下的独立性。与传统的企业相比较，网络化研发成员的特征较为复杂，成员的发展依赖于成员自身以及与网络化研发组织外部环境之间的关系，因此，成员的行为状态是难以控制和预测的。

成员所处的环境不确定性和不稳定性较高，发展的环境受多个复杂因素的影响，其行为将更加难以预测。这就要求成员需根据网络化研发组织系统的状态与行为模式做出决策，成员在这种环境下要求分权，实行授权自治。网络化研发组织本身就是一个动态、开放的系统，成员既需要实现共同的研发目标，又需要考虑各自的目标。而且各成员间的关系并非一成不变，在这一领域里是合作伙伴，在另一领域可能又是独立的甚至是竞争的关系。因此，传统固定的组织结构就很难适应这种变化的环境。为了不影响成员自身的经营发展，适时创新其组织结构以适应这样的环境就显得尤为重要。

4.8　网络化研发成员的发展阶段

除上述因素外，为了适应不同的发展阶段，网络化研发成员需要进行相应的组织结构调整。Woodward（1980）认为企业在不同的发展阶段，对分权、专业化和部门化的要求水平不同。Daft（2012）研究发现，企业处在初创阶段时，职能单一，专业化、规范化和部门化水平低，指挥链简单，管理跨度大，集权化程度高，因此应采用简单组织结构；当企业处在成长发展阶段时，企业部门化和专业化要求提高，集权化程度相对初创期降低，指挥链也比初期复杂，因此应采用职能型组织结构；当企业处在成熟扩张阶段时，企业专业化和部门化水平增高，指挥链复杂，集权化程度较低，因此应采用事业部制等相对灵活的组织结构。在网络化研发组织中，成员构成复杂，所处的发展阶段也不尽相同。成员如果处在初创阶段，企业的目标首先是求生存，内部资源有限，决策集中，正规化程度低，采用的组织结构相对比较简单。成员如果处在成长阶段，随着规模的扩大，低度正规化和高度集权的简单结构会导致高层管理者的信息超负荷，使决策过程变得缓慢，决策质量降低，这时成员多数采用的是直线职能制结构。成员如果处在成熟阶段，内部管理协调成本迅速增加，横向协调差的直线职能制结构已不能适应企业的发展，以分权为特征的事业部制和矩阵制结构更能够适应企业发展的要求，因为其有利于调动部门和员工的积极性，发挥其创造性。处在衰退阶段的成员，其内部体制僵硬、文化保守、企业活力低，内部存在问题多且复杂，因此，也会进行相应的组织结构创新。

此外，组织结构还受组织文化、知识存量及结构和技术水平等因素的影响。Jensen 和 Meckling（1995）曾经研究了专用知识（specific knowledge）、通用知识（general knowledge）与组织结构之间的关系，认为专用知识转化成本的存在会导致决策分权，而决策分权会导致权力的配置和控制等一系列问题。

第5章　网络化研发成员内部组织结构创新关键影响因素及其作用机理分析

本书基于相关研究成果对网络化研发成员组织结构创新的影响因素进行探索，发现网络化研发成员网络位置、网络化研发成员战略导向、网络化研发组织模式、网络化研发组织规模、网络化研发成员技术复杂程度、网络化研发成员面临的环境、网络化研发成员的发展阶段等因素对网络化研发成员组织结构创新都有影响，但是在对相关企业进行调研和深度访谈后，结合网络化研发组织的运行实际，从研发项目的视角发现对成员组织结构创新影响最为关键的因素是网络化研发成员网络位置、网络化研发模式及网络化研发成员战略导向。

5.1　网络化研发成员网络位置对其组织结构创新的影响机理分析

随着研发成本、风险及复杂性的日益提高，网络化研发组织已成为合作研发的主流组织形式。网络化研发组织是由企业、科研机构等多个组织为了满足市场机遇、技术发展等需要，在保持各自相对独立的前提下，基于共同的研发目标在一段时间内联合起来组成的合作研发组织。相对其他参与成员，企业在网络化研发组织中通常发挥着能动性的核心作用。网络化研发组织以网络的组织模式链接各类研发主体，对相关研发主体的资源进行整合，这已成为研发组织增强竞争优势的重要手段和载体。

在网络化研发组织中，由于参与成员具有的资源、技术、知识、影响力的不同，成员占据着不同的网络位置，在网络化研发组织中担任的角色、承担的责任也随之不同。网络位置是指参与成员在网络化研发组织中所处的战略位置，它反映了成员在组织中的地位、影响力及控制力等，同时也刻画了成员间的关系。Salman 和 Saives（2005）的研究认为社会网络是企业获得知识和技术资源的主要途径，处于网络中心位置的企业能够接近更多类型的资源。知识是创新的重要基础（Drucker，1993），而知识吸收能力是组织识别外部信息的价值，并将其消化、应用到商业用途的能力（Cohen and Levinthal，2000）。韦影（2007）提出，知识吸收能力在企业社会资本与技术创新绩效之间存在中介效应；郑慕强和徐宗玲（2009）、解学梅和左蕾蕾（2013）认为企业的知识吸收能力在其所处的合作网络与创新绩效间起中介作用。因此，企业知识吸收能力的差异直接导致其内部创新性知识水平的不同（Sternberg and Arndt，2001）。部分学者研究发现，网络位置、知识吸收能力与企业绩效密切相关。例如，彭伟等（2012）认为企业占据网络中心和富含结构洞的网络位置对企业绩效有显著的正向影响，知识获取在其中具有完全中介作用；徐勇和邱兵（2011）则指出吸收能力在代表企业网络位置特征的中心度、结构洞与企业绩效间发挥调节作用；钱锡红等（2010）提出企业在知识获取和消化能力强的基础上可以通过改善网络位置提高创新收益；Tsai（2009）发现企业网络位置对创新绩效的影响取决于其内部知识吸收能力的强弱。综上可知，网络位置、知识吸收能力与企业绩效间存在一定的关系，但现有的研究都是在企业组织结构不变的前提下进行的，具有一定的局限性。组织结构创新是企业应对不确定性环境的必然要求，其在企业创新中的重要性已得到了普遍认可。组织结构决定着内部任务的分配、报告关系的构成、协调机制的建立（Robbins，1983）。因此，组织结构的自然或主动调整将关系到网络化研发成员跨部门的项目管理、参与人员积极性与创造性的发挥、资源的流动、研发活动的有效完成等，进而可以使网络位置、知识吸收能力对企业绩效的作用更好地发挥出来。由于网络化研发组织中企业的知识、人员、战略、经营环境、与其他成员间关系及在组织中地位的不同等将对其组织结构提出不同的要求。因此，对网络化研发成员所处的网络位置、知识吸收能力与组织结构创新的关系进行研究，将会在一定程度上丰富和拓展现有的组织结构理论，同时也将为参与网络化研发组织的企业研发绩效的提高提供理论支持。

5.1.1 相关理论基础

1. 网络位置

一般而言，衡量网络位置最常用的指标是中心度、结构洞（Powell et al.，1996；Zaheer and Bell，2005；钱锡红等，2010）。中心度是衡量网络中节点重要性的主要指标。结构洞理论认为结构洞的存在将没有直接联系的两个个体、团队、组织联系起来的第三方拥有更多的信息优势和控制优势，占据的结构洞越多，优势越明显。结合网络化研发组织的实际，网络化研发组织中企业的网络位置可划分为中心位置、中介位置和边缘位置三种：①中心位置。网络化研发组织中中心度高的位置为中心位置，中心位置成员与其他成员有着更多直接的联系，中心位置是成员间技术、知识流动的重要节点，该位置不仅有助于企业获取网络内部的优势资源，也可以获取其他成员内部具有重要价值的技术、知识等资源（Koka and Prescott，2008；徐勇和邱兵，2011），从而在组织中相对于其他成员具有一定的战略优势。此外，中心度高的企业通常在网络化研发组织中具有一定的决策权，主导着网络化研发项目的走向。②中介位置。基于 Burt 的结构洞理论，本书认为网络化研发组织中的中介位置是指结构洞数量多的位置。占据中介位置的企业通过与分散的、不同的成员联系，具有获取类型多样的知识等资源的机会，从而在组织中起到信息中转或联结的作用。③边缘位置。边缘位置即网络中心度低、结构洞数量少的位置。与其他位置的成员相比，占据边缘位置的企业与网络化研发组织中其他成员联系较少，获得资源的类型、数量及重要程度相对较弱。

2. 知识吸收能力

网络化研发组织内不同成员间在合作过程中存在着不同程度的知识溢出，知识溢出能否被转化成知识存量取决于成员的吸收能力。知识吸收能力对知识整合及技术转移绩效具有显著的正向影响（陈怡安等，2009），同时也能够加强自身的学习和创新能力（于成永和施建军，2009），对企业的新产品开发及创新具有重要意义（Yli-Renko et al.，2001）。企业的知识吸收能力在很大程度上与现有的知识基础和获取知识的速度相关（Bower and Hilgard，1981；Lyles and Salk，1996；Gupta and Covindarajan，2000；范兆斌和苏晓艳，2008），此外，还受学习机制、学习强度与学习方法及研发投入强度等影响（刘常勇和谢洪明，2003）。

学者们对知识吸收能力维度的划分存在一定的差异。例如，Kim（1997）认为知识吸收能力由已有知识基础和努力强度两个维度构成。Minbaeva 和 Michailova（2004）从内生角度出发将知识吸收能力分为员工获取知识的动机和能力两个维度。van den Bosch 等（1999）从知识吸收的内容和过程的视角将知识吸收能力分成知识吸收效率、范围和灵活性三个维度。效率指的是从成本和规模经济的视角考察组织对知识的识别、同化和开发；范围指的是组织所能利用的知识构成的广度；灵活性指的是组织能获取额外的知识和重新配置现存知识的范围、程度。考虑到网络化研发组织构成的复杂性，成员在研发合作中不仅要考虑到自身的战略目标，同时还要考虑到网络化研发组织的目标，面临的环境相对更复杂。因此，本书基于 Zahra 和 George（2002）的研究，将知识吸收能力视为动态能力，并采用 van den Bosch 等（1999）的关于知识吸收能力维度的划分展开相应的研究。

3. 组织结构创新

组织结构是组织在内部成员相互作用的过程中形成的，是组织行使权力和知识流动的载体、组织的决策和活动场所（Hall，2004；高茜和徐蕾，2004）。从内部看，企业组织结构创新的动机在于节约交易费用、适应企业的生命周期进程、增强企业能力等（吴伟浩等，1999）；从外部看，高度不确定性及复杂的环境是企业进行组织结构创新的动力。组织结构创新意味着打破原有的制度化结构，重构组织成员责、权、利关系，从而形成新的结构、新的功能、新的人际关系（魏立新，1999）；组织结构创新可以是对组织结构中的一个或多个关键要素加以变革，或是对实际的组织结构设计做出重大的变革（王建民，2003）。

对 Pugh 等（1968）、Child（1972）、Daft（2012）等学者关于组织结构的相关文献进行梳理后发现，组织结构可以划分为正式化程度、权力分配、规范化程度、专门化程度、权力层级、协调程度等维度。结合网络化研发组织的实际运行情况及企业的具体决策和行为，可以发现企业内参与网络化研发的部门或团队是在高层管理者、其他部门或团队的支持下通过内外合作来进行研发的，故以权力分配和协调机制这两个维度来测量组织结构创新这一变量更具有现实的意义。权力分配是指组织决策权的分配，可用自治度、授权等指标反映。在战略目标及环境复杂性等因素综合作用下，组织在运营过程中内部相关部门间需要相互配合、协调工作。因此，协调机制是指组织的协同、联络机制。Miller 和 Dröge（1986）将协调机制分为结构型和流程型两类。前者是指在组织内设立的临时项目团队、联络员等促进部门、群体协调的机制；后者是指相关部门间的沟通、协作机制。

5.1.2 假设提出

1. 网络位置与组织结构创新

企业在网络中的位置决定了它的竞争地位（Lou，2005）。占据不同位置的成员接触的网络化研发组织内外部知识、信息的数量、类型是有差异的，且在网络化研发组织中承担的任务、角色是不同的。企业一旦占据中心度高的位置将使网络内外部信息等资源向自身靠拢，更容易获取并控制与创新相关的信息和资源（Powell et al.，1996），进一步巩固其在网络中的优势地位。相比其他位置，中心度高的企业获取的知识等资源无论是数量还是质量都要具有一定的优势，但其面临的界面冲突也更为明显。而且中心度高的企业不仅需要对网络化研发组织战略、目标及界面规则等的制定发挥主导作用，而且在研发利益、成本及研发项目顺利运行等方面还需要协调各成员间的关系。在网络化研发组织中，起到中介作用的是占据结构洞数量多的企业，它能够连接分离的、彼此不直接联系的成员，在得到更多差异化信息的同时，也能对信息进行筛选整合，获取信息控制优势，并利用有利的机会实现创新（McEvily and Zaheer，1999）。占据中介位置的企业在成员间起到信息沟通和交流作用的同时，也占据了掌握信息流和商业机会的位置，因此不仅更易于链接不同的成员，同时也更容易获取中介利益。相对而言，处于边缘位置的企业更独立，组织结构比较稳定。综上可以发现，网络化研发组织中成员的位置不同，要求其对环境的反应速度及协同管理能力也是不同的，由此带来了不同的责任、利益和机会，这正是网络化研发组织中企业进行组织结构创新的现实动因，而成员必要的组织结构创新也是网络化研发组织顺利运行的基本保障。

基于以上论述，本书提出如下假设。

假设 1a：网络化研发组织中企业的中心度对其组织结构创新产生积极影响。

假设 1b：网络化研发组织中企业结构洞的丰富程度对其组织结构创新产生积极影响。

2. 网络位置与知识吸收能力

网络化研发组织的出现为其内部成员获取知识和其他资源提供了机会，成员在网络化研发组织中网络位置的不同为其提供了吸收不同类型、数量及质量的新知识的可能，而吸收能力能够将这些新知识在组织内部进行不同程度的扩散、整合和利用，进而影响创新绩效。

企业在网络化研发组织中中心度越高，越能接触到更多的成员、更多类型的资源，特别是行业内的最新研发知识，且能进一步识别出有应用价值的知识，从而增加企业现有知识的深度（Tsai，2001），并且相对于其他企业而言，可以减少搜寻知识、信息等资源的机会成本。处于中介位置的企业，在网络化研发成员中起到了桥梁和媒介的作用，通过与那些相互间不直接联系的成员接触，可以为企业带来多样化的信息，进而增加企业知识的广度。

无论是中心位置还是中介位置，都为企业获取创新所需的知识提供了平台。而吸收能力较强的企业能更好地利用外部知识来获利（Escribano et al., 2009）。因此，网络位置的优劣直接关系到企业识别、获取、利用及重新配置知识的质量与效率。处于优势网络位置的企业通常对新知识的需求动机较强，尤其当网络化研发组织的研发项目复杂性高、规模大时，企业进行研发投入的态度将会更积极，研发投入的规模将会更大，在解决企业面临研发问题的同时，大幅提高了知识吸收能力。

处于优势网络位置的企业可以获得网络中资源流向的支配权，可以更快地获取所需要的知识。同时和其他成员间具有密切的协作和信任，因此协作联结的数量较多，知识流动频繁，知识溢出也较多。此外，这类企业一般对外较为开放，对外部研发知识吸收动机强，能与网络化研发组织中的其他成员进行更多的知识交流、分享，而且获得的新知识很容易在企业内部扩散、融合与应用，进而提高其知识吸收能力，改善企业现有的知识结构，增加知识存量。

基于以上论述，本书提出如下假设。

假设 2a：网络化研发组织中企业的中心度对其知识吸收能力产生积极影响。

假设 2b：网络化研发组织中企业的结构洞丰富程度对其知识吸收能力产生积极影响。

3. 知识吸收能力与组织结构创新

随着知识理论的发展，除企业规模、企业战略、经营环境、工艺技术水平、权力控制等因素外，知识也被认为是影响企业组织结构的一个因素（余光胜，2000）。网络化研发组织中知识吸收能力强的企业，其内部个体和群体均具有较强的吸收外部知识的动机。因此，这类企业会有意识地与其他成员加强联系与沟通，进而增加企业吸收外部知识的机会。由于人类的认知有限，分布在企业各个部门和分支的知识必须通过适应性的组织结构才可以支持企业进行有效的决策（薛澜等，2005）。从网络化研发成员来看，知识吸收能力强的企业内员工的知识结构呈现多样化，个人、群体、部门间沟通和协作较多，这不仅可以为企业过滤无关的知识，同时也有助于企业积极吸收外部新的知识、有效管理和利用现有的知识，并将新旧知识进行融合、创新。从网络化研发组织整体来看，知识吸收能力强的组织拥有丰富的创新知识资源和崇尚创新的组织氛围，内部信息传递速度和决策速度较快，决策质量较高，这不仅会吸引更多创新性强的企业加入研发组织，进而带来不同层次的创新资源，更重要的是可以促进组织中成员自主提高知识吸收的能力，利于在内部建立知识在个人、团队及组织层面横纵向传播的高效信息交流机制，进行更有效的资源配置和授权，从而提高组织对环境的响应速度。

基于以上论述，本书提出如下假设。

假设 3：网络化研发组织中企业的知识吸收能力对其组织结构创新产生积极影响。

4. 关系模型的构建

基于上述理论推演和分析，本书构建了网络化研发组织中企业的网络位置、知识吸收能力与组织结构创新关联关系模型，如图 5.1 所示。

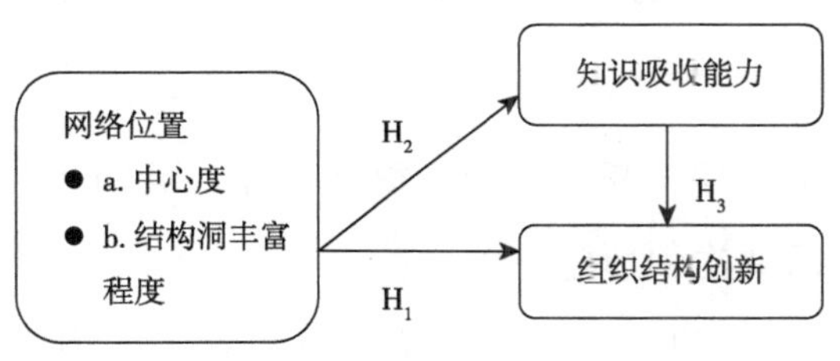

图 5.1　理论框架模型

5.1.3　数据收集与假设检验

1. 数据与样本

1）数据收集

本书通过问卷调查来收集样本数据，调研区域主要集中在长春、沈阳、哈尔滨等地区，为了保证样本数据的真实性，被调查者主要为企业的中高层管理人员。在对相关研究进行梳理及相关企业进行咨询的基础上设计了问卷。问卷初步设计完成后，在长春、沈阳、哈尔滨各选一家企业进行预调研，以预试问卷设计的合理性；同时结合对相关企业的访谈情况对问卷进行细致修改，以确保问卷调查的有效性。问卷调查时间为 2015 年 3~4 月，共发放 130 份问卷，经过对问卷的详细筛选，剔除漏填与不合规范的问卷 28 份后，剩余 102 份有效问卷，有效问卷回收率为 78.5%。本书采取利克特的 5 点量表法来度量网络化研发组织中企业的网络位置、知识吸收能力与组织结构创新的关系。其中，5 代表非常符合，1 代表非常不符合。

2）样本特征

在样本企业中，民营企业 54 家，股份制企业 28 家，国企 16 家，合资企业 4 家。其中，民营企业在所调研企业中占的比重较大，约 52.9%；从样本企业的行业分布来看，电子信息行业有 54 家，医药行业有 11 家，装备制造行业有 10 家，新材料行业有 6 家，汽车、石化行业均为 5 家，其他行业 11 家。从中可以看出，样本企业以电子信息、医药等高新技术企业居多，占比近 63.7%；被调查者中高层管理者 26 人（占比 25.5%），中层管理者 51 人（占比 50.0%），技术人员 14 人（占比 13.7%），其他管理者 11 人（占比 10.8%）。从中可以看出，中高层管理者居多。因此，综合来看，本书样本具有一定的代表性。

2. 变量测量

本书主要基于国内外公开发表的且得到业界认可的相关文献对网络位置、知识吸收能力、组织结构创新进行测度。

本书基于周密等（2009）、Victor（2005）的研究，用“网络化研发组织中企业与其他成员发生直接联系的数量”“企业距离网络化研发组织核心位置的距离”来测度其中心度。基于 Burt（1992，2000）的研究，参考王海花和谢富纪（2012）的量表，用“企业辨识网络化研发组织中参与成员间关系的紧密程度”“作为中间人在网络化研发组织中获利的数量”来测度其结构洞丰富程度。因此，网络位置共有 4 个题项。

知识吸收能力测量题项设计主要参考 van den Bosch 等（1999）的研究，用“企业内正式的知识吸收规则和程序的完备程度”“企业内知识结构的多样化程度”来测度知识吸收效率，用“企业跨职能关系的多少”“企业与外界联系的多少”“企业对外部新知识的敏感性”等来测度知识吸收范围，用企业“员工培训数量和频率”“工作岗位轮换制度设置及执行情况”“员工参与知识吸收的广泛性”“员工对知识吸收的态度”来测度知识吸收灵活性。因此，共设计了 9 个题项来测度知识吸收能力。

对组织结构创新的衡量借鉴了 Miller 和 Dröge（1986）关于分权化和协调机制的量表，并结合网络化研发组织的实际运行情况，用企业参与网络化研发项目的“部门对项目所需人员数量的决策权”“对项目组人员的选择权”“对项目团队内部矛盾和冲突的解决权力”“对项目管理方法的选择权”“对项目团队成员的工作分配权”“对项目所需资源的调配权”来测度权力分配，共 6 个题项。用企业“是否经常利用部门间委员会来促使相关部门共同决策”“是否经常为某个具体项目建立临时的跨越多个部门的项目团队”“是否经常用联络员去协调相关部门以促使某个项目的实施”“是否经常由相关部门共同做关于项目管理方面的决策”、“部门在做决策时是否经常考虑其他部门的利益”、“不同部门决策间的一致性程度”来测度协调机制，共 6 个题项。

3. 信度与效度分析

本书采用统计分析软件 SPSS 18.0 中的可靠性分析对数据进行信度检验。信度分析结果如表 5.1 所示，变量及相应维度的 Cronbach's α 值均大于 0.8，这表明本书使用的量表具有很好的信度。

表 5.1 信度分析结果

变量	维度	Cronbach's α 值
网络位置	中心度	0.889
	结构洞丰富程度	0.845
	整体	0.903
知识吸收能力	知识吸收效率	0.859
	知识吸收范围	0.832
	知识吸收灵活性	0.874
	整体	0.869
组织结构创新	权力分配	0.850
	协调机制	0.855
	整体	0.911

本书主要从内容效度、结构效度两个方面来分析量表的效度。本书问卷中涉及的题项均来自公开发表的相关文献，并请有关专家对本问卷进行过详细的论证，所以内容效度是比较可靠的。变量验证性因素分析结果如表 5.2 所示，其中各个变量 KMO 值均大于 0.7，说明本书使用的量表结构效度较好。

表 5.2 变量验证性因素分析结果

变量	KMO 值	累计因素解释量	验证分析指标
网络位置	0.807	77.973	CFI=0.999 GFI=0.994 RMSEA=0.046 RMR=0.005 CMIN/DF=1.218
知识吸收能力	0.818	69.571	CFI=0.979 GFI=0.940 RMSEA=0.054 RMR=0.031 CMIN/DF=1.537
组织结构创新	0.850	70.997	CFI=0.972 GFI=0.907 RMSEA=0.068 RMR=0.036 CMIN/DF=1.468

4. 结构方程模型分析

本书使用 AMOS 17.0 软件对整体模型进行分析检验，并将理论模型转化为结构方程模型路径图（图 5.2）。

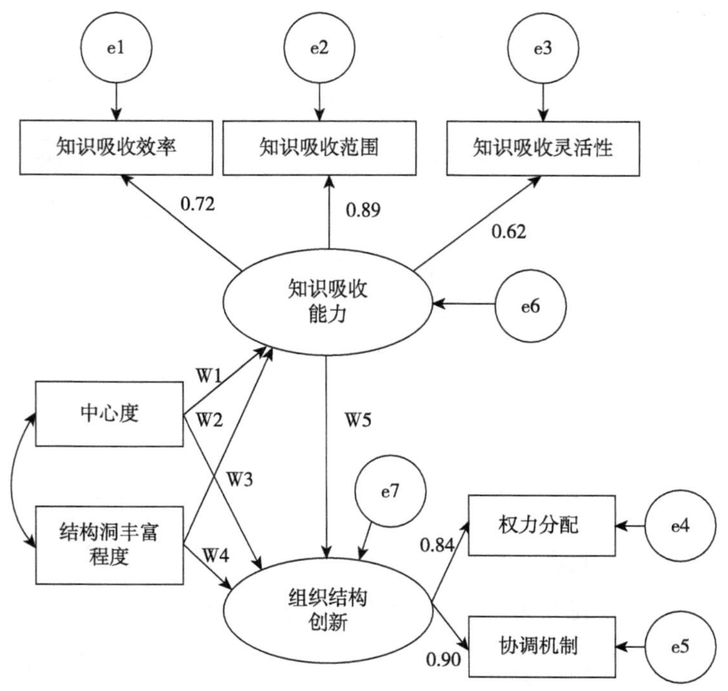

图 5.2 结构方程模型路径图

本书主要参考 χ^2/df 、GFI、AGFI、SRMR、RMSEA、NFI、IFI、CFI 等拟合度指标对模型的适用性进行验证，分析结果如表 5.3 所示，各项指标均达到可接受水平。因此，整体模型的拟合效果较好，模型可以接受。

表 5.3　整体理论模型的拟合度分析

拟合指标	衡量标准	整体模型
χ^2/df	$1<\chi^2/\mathrm{df}<3$	1.594
GFI	>0.9	0.958
AGFI	>0.9	0.924
SRMR	<0.1	0.020
RMSEA	<0.1	0.077
NFI	>0.9	0.958
IFI	>0.9	0.984
CFI	>0.9	0.983

5. 研究假设的验证

理论模型的路径系数与假设验证结果如表 5.4 所示。①中心度与组织结构创新的路径系数为 0.108，在 0.05 水平上不显著，假设 1a 未通过检验。②结构洞丰富程度与组织结构创新的路径系数为 0.066，在 0.05 水平上不显著，假设 1b 未通过检验。③中心度与知识吸收能力的路径系数为 0.096，在 0.05 水平上不显著，假设 2a 未通过检验。④结构洞丰富程度与知识吸收能力的路径系数为 0.423，达到了 0.001 的显著性水平（$P<0.001$），假设 2b 通过检验。⑤知识吸收能力与组织结构创新的路径系数为 0.343，达到了 0.001 的显著性水平（$P<0.001$），假设 3 通过了检验。修正后的理论模型如图 5.3 所示。

表 5.4　理论模型的路径系数与假设验证结果

路径	变量间关系	路径系数	P 值	假设	检验结果
W3	组织结构创新 ← 中心度	0.108	0.159	假设 1a	否定
W4	组织结构创新 ← 结构洞丰富程度	0.066	0.412	假设 1b	否定
W1	知识吸收能力 ← 中心度	0.096	0.380	假设 2a	否定
W2	知识吸收能力 ← 结构洞丰富程度	0.423***	<0.001	假设 2b	支持
W5	组织结构创新 ← 知识吸收能力	0.343***	<0.001	假设 3	支持

***表示 $P<0.001$（双尾检验）

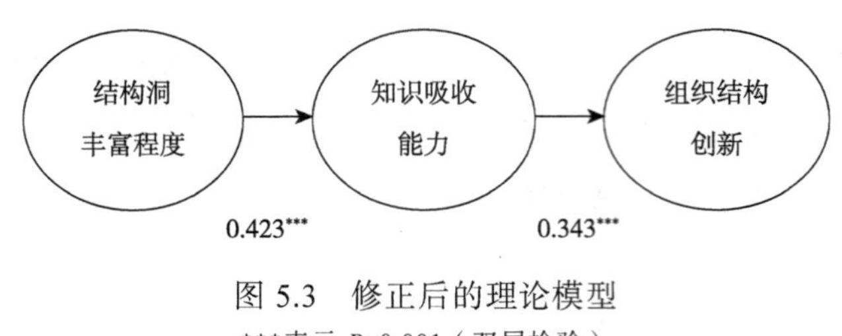

图 5.3 修正后的理论模型

***表示 P<0.001（双尾检验）

5.1.4 研究发现与启示

本书基于文献研究构建研究框架，选取我国长春、沈阳、哈尔滨等地区参与网络化研发组织的企业为实证研究对象，就企业的网络位置、知识吸收能力与组织结构创新的关系展开研究。通过上述研究结果可以看出，数据很好地支持了所构建的理论模型。虽然所提出的五条假设仅有两条通过检验，但可能与样本数量过少有关。本书研究结果表明，网络化研发组织中企业网络位置的结构洞丰富程度这一维度对其知识吸收能力产生积极影响；企业的知识吸收能力对其组织结构创新产生积极影响。本书的研究结论对参与网络化研发的企业提供了重要启示。

（1）为了提高创新能力，企业应积极构建或参与网络化研发组织，将其作为获取外部知识、技术的重要途径。同时努力占据结构洞丰富的中介位置，取得知识控制优势，获得更多多样性及关键的知识，并充分挖掘新知识的价值，将其与已有知识融合，产生新的应用，从而提高企业的知识吸收能力，促进研发绩效的提升。

（2）网络化研发组织中的企业可以通过加大自身研发投入，增强吸收知识的动机，促进个人、群体、部门间沟通和协作，加强与组织中其他成员的联系和沟通，以促进自身知识吸收能力的提高。而知识吸收能力的提高不仅加快了知识传递速度，促进了企业内外的知识共享和溢出，更重要的是增加了企业对权力分配和协调机制的要求。

受研究者能力和研究条件所限，本书还存在一定的局限性。例如，本书的调查样本量不够大，且主要选取我国长春、沈阳、哈尔滨等地区的一些企业，因此，由于地域因素等的限制，其结论的普适性还有待于进一步验证。此外，本书尚未针对不同行业参与网络化研发组织的企业进行分析，因此不同行业的网络化研发组织企业的网络位置、知识吸收能力与组织结构创新的关系是否存在差异还有待探讨。

5.2　网络化研发模式对成员组织结构创新的影响机理分析

根据成员在网络化研发组织中的角色、任务和责任的不同，网络化研发模式可分为中心–卫星式和蛛网式两种。

1. 中心–卫星式组织模式对成员组织结构创新的影响机理

在中心–卫星式组织模式中，网络化研发组织内存在一个中心成员，其他成员均与此中心成员直接或间接联结，从而形成中心成员的“卫星”。此外，中心-卫星式网络化研发组织也可能具有多层网络，母网中的“卫星”成员因拥有自己的“卫星”成员，进一步形成了以其为中心的子协作研发网络，并嵌入母网络中。在中心–卫星式网络化研发组织中，成员多处于同一价值链，卫星成员与中心成员之间的技术关联度较高，前者对后者的依存度较大。有的中心-卫星式网络化研发组织由价值链上靠后的组织发起，与价值链上靠前的组织合作组成；有的则由价值链上靠前的组织发起，与价值链上靠后的组织合作组成。

在中心–卫星式组织模式中，中心成员往往是网络化研发组织的发起者，它根据市场需求或技术发展趋势等外部环境因素来确定网络化研发组织的研发目标、战略、规划等，在研发项目的范围、进度、成本等方面具有决策权，同时还具有网络化研发成员的选择权。中心成员通过对网络化研发组织中的其他成员进行协调与管理实现网络化研发项目的有序进行和网络化研发组织的高效运行。

一方面，相对于其他成员，中心成员通常在实力上具有绝对优势或者在技术上处于核心或主导地位，在研发成果归属上具有一定的优先权。而在合作研发项目实施过程中，中心成员需对非中心成员之间的利益、合作等方面的冲突进行沟通和协调，同时需要采取多种举措促进非中心成员间在研发项目相关问题上达成一致，以便充分发挥成员的资源优势，提升网络化研发组织的整体实力。

另一方面，由于网络化研发组织所进行的研发项目整体上都是在中心成员的协同管理之下进行的，这使得中心成员承担的责任和风险较大。中心成员在网络化研发组织中占据主导地位，与非中心成员具有较强的关系强度，而非中心成员间联系较少，因此非中心成员容易受到中心成员的领导与控制，这也导致中心成员的行为和决策对网络化研发组织内其他成员的行为具有非常直接的制约或者推动作用，进而对网络化研发项目目标的实现产生影响。

合作研发效率的提高需要强化网络化研发成员间的关系强度，以促进成员间知识共享和创新。成员间合作关系的强度取决于成员间的信任、接触频率和紧密程度等诸多因素，现有研究已经提出了多个影响合作关系强度的因素，可用社交性（Mitchell，1987）、给予或收到的建议（Mathews et al.，1998）、关系投资方面的主动性（Perlman and Fehr，1987；Blumstein and Kollock，1988）、信任（Granovetter，1973；Marsden and Campbell，1984；Mathews et al.，1998）、互惠性（Granovetter，1973；Friedkin，1980；Perlman and Fehr，1987；Blumstein and Kollock，1988；Mathews et al.，1998）、亲密性和紧密性（Marsden and Campbell，1984；Mitchell，1987；Perlman and Fehr，1987；Blumstein and Kollock，1988；Mathews et al.，1998）、共同话题的范围（Granovetter，1973；Blumstein and Kollock，1988）、情感的紧密程度（Granovetter，1973；Wellman，1982；Mitchell，1987；Wellman and Wortley，1990）、接触频率（Mitchell，1987；Perlman and Fehr，1987；Blumstein and Kollock，1988；Benassi et al.，1999）等指标来衡量关系强度。依据上述衡量指标，结合调研结果可以发现，在中心-卫星式组织模式中，中心成员需要具备较高的资源整合能力。为了能够高效利用自身

的地位优势管理好网络化研发组织，中心成员的组织结构设置应考虑到与非中心成员之间的良好沟通、协调与合作，一般倾向于采取扁平化、非正式化和权力分化的组织结构，卫星成员的组织结构变化倾向不明显，但一般倾向于弱矩阵型组织结构。

2. 蛛网式组织模式对成员组织结构创新的影响机理

蛛网式网络化研发组织是指成员间彼此联结且地位平等的网络化研发组织。各成员均为独立实体，它们之间的研发合作不是由行政关系硬性规定的，而是遵循平等、自愿、互利原则，以彼此优势互补和相互协作所驱动的，在契约规范下进行合作以完成网络化研发项目。该类网络化研发成员具有自己独立的决策权，在网络化研发项目中是合作关系，但在其他领域可能是竞争关系。此类组织模式的形成一方面是组织响应激烈市场竞争的结果，另一方面也受技术领先或技术标准、知识产权等方面的驱动。在这一模式下，网络化研发组织内的成员共同制定技术标准或引领新技术、新产品的发展，有利于降低单个研发主体的研发成本和风险，提高研发成功率。因自愿合作产生的这种蛛网式网络化研发组织内，成员间相互支持、地位平等，不存在领导和控制关系，成员间关系主要依靠契约进行监督和约束，成员间关系呈分散而不是集中状态，有助于各成员在网络化研发组织运行过程中发挥自身优势，并在网络化研发组织整体利益和各自利益诉求间达成某种平衡。

蛛网式网络化研发组织具有一定的灵活性，可以根据不同研发项目的差异化要求调换组织成员。不同成员在研发过程中扮演着不同的角色，成员间知识共享的内容和程度与关系强度直接相关，成员的行为和资源对合作研发的作用存在巨大差异。但是由于没有主导成员对网络化研发组织进行协同与管理，各成员在运行过程中不可避免地从自身利益出发进而导致冲突的产生，所以蛛网式网络化研发组织的管理更倾向于对成员的行为进行监督、对利益进行协调。

网络化研发成员通过资源互补、信息和技术共享来获取竞争优势，加入网络化研发组织是成员获取外界知识的重要途径之一。知识获取的数量和质量除了取决于成员知识共享的意愿，还取决于成员间的关系强度。成员之间的关系强度越高，彼此之间互惠程度和信任程度越强，联系越紧密，沟通、交流就越频繁，知识共享意愿越强，越能够促进知识的流动和彼此之间的学习。因此，网络化研发成员间的关系强度决定了成员获取相关信息、技术和知识等资源的数量和质量。Levin 和 Cross（2004）指出信任是知识共享必不可少的条件。在研发合作过程中，成员都担心自己的专属知识被其他成员获取进而影响到自己在行业中的技术地位和竞争优势，而信任在一定程度上会消除或降低知识共享方的心理顾虑，提高知识共享实现的可能性。

在网络化研发组织中，成员可以利用网络关系获取显性知识及隐性知识，为决策提供基础。在蛛网式网络化研发组织中，成员之间地位平等、交流频繁，基于相互了解和信任，隐性知识的共享更易发生（Reagans and McEvily，2003）；基于亲密的合作关系和高度的信任感，合作方会利用多种知识共享渠道，使共享双方的交流互动更加频繁，进而促进各自知识存量的提高。但是，也正是因为没有居于主导地位的成员，所以成员之间的协作性相对较差，对网络化研发组织运行效率有一定影响。

组织结构作为组织内的知识传输途径以及组织与外界知识交互的重要载体，其设置情况会直接影响组织内的知识共享和知识创新。在蛛网式网络化研发组织中，如果成员内部组织层级多、知识传递路径长，知识流动速度就会随之减慢，知识的准确性也会随之降低。因此，为保证知识共享及创新的效率，需要减少组织层级，加强与其他成员的交流和沟通，加快知识搜集速度的同时缩短知识流动的路径，这就要求成员组织更应采取一种非正式化的结构。

5.3 网络化研发成员战略导向对其组织结构创新的影响机理分析

快速多变的市场环境和充满不确定性的技术发展趋势促使不同创新主体合作而形成的网络化研发组织已经成为研发活动的重要组织形式。网络化研发成员各自不同的战略导向将直接影响成员的组织结构创新，进而影响着成员研发项目的实施及研发收益的获取。

国内外许多学者以及管理实践都表明，战略是影响组织结构设计的一个重要因素。战略管理中的设计学派对战略形成过程的阐述最具影响力并被人们广泛接受。该学派认为战略是企业在其所处环境中对决定其地位的机遇与限定条件之间的匹配，因此该学派重视战略制定模型的设计以便寻求组织内部能力和外部环境的匹配。设计学派的代表人物麻省理工学院的 Chandler 在 1962 年出版的《战略与结构》（*Strategy and Structure*）中提出战略决定结构、结构紧随战略的观点。组织结构是组织的重要组成部分，战略优先于结构，因此战略必定优先于组织的能力，而组织的能力是深深根植于组织结构中的。组织结构的调整可以在某种程度上实施，但绝不能任意进行，因为它是基于企业战略产生的。相对而言，战略具有一定的前导性，随着战略的变更，组织结构也应做出相应的改变，以更好地实现组织的战略目标。实际上，战略与组织结构二者相互支持并共同支撑组织发展，二者是相互领先而又相互跟随的，只有当组织跃变到一个新的高度时，二者才是齐头并进的。

Ducan 和 Weiss（1979）认为组织结构的功能在于确保组织发展目标的实现，决定着企业知识、信息等资源流动，影响着组织的灵活性、开放性、环境适应性及其组织效率等，涉及机构设置、管理职能划分、管理幅度和层次设计、管理职责和权限的认定及组织成员之间相互关系的安排与协调等众多内容。有效的组织结构是保证组织战略顺利实施并达到既定战略目标的必要手段。不同的战略要求组织有不同的管理幅度和层次、有不同的组织职能和人员配备、有不同的权责安排等。组织目标和战略经由组织结构转化为一定的体系或者制度，与组织的运营活动相融合，并对组织运营发挥指导和协调的作用。另外，当组织发展到一定阶段且其内外部环境都发生较大变化时，组织应重新选择适合组织发展的战略，这时，组织结构也要做出相应的调整以适应战略的需要，但组织结构具有一定程度的刚性，调整战略时必须考虑这种刚性带来的阻力。当一个组织的内部结构已经确立、人员已经配备、部门间关系已经确定时，组织往往会力图避免过多地更改现有组织结构，以免损失组织效率、浪费企业资源，甚至致使企业运行的停顿。因此，企业在制定战略时必须考虑到组织结构因素。此外，达夫特（2014）认为，组织结构还会影响高层管理人员对战略实施情况相关信息的掌握程度，从而影响高层管理人员对战略实施的评价，进而影响高层管理人员对企业战略的修正。

不同的战略导向会影响组织对自身优势的理解和对自身业务范围的定义。随着组织环境不确定性的不断加大，战略导向对组织的影响也愈加明显。组织通过调整战略导向以塑造组织氛围、适应外部环境、获取竞争优势。不同的战略要求组织开展不同的业务活动，进而影响职能部门设计；而战略重点的改变，则会导致组织的工作重点以及各部门在组织中的重要程度随之发生变化，从而要求对相关部门之间的关系做出适当的调整。

以合作代替竞争正在成为组织战略的新思路，网络化研发组织也正是在这种背景下产生的一种新型组织形式，其分散风险、优势互补、成果共享、对环境更加迅捷的反应等有关功能已越来越被企业所重视。网络化研发组织更多的是以知识联盟形式存在，其目的在于通过先进技术开发和未来竞争知识创新，促进成员通过各种形式实现双向或多边的资源、信息交流与共享，并在联合各种技术优势的基础上促进成员的知识学习和知识创造，开发出更高层次的新技术或产品以实现各自的战略目标。作为节点的网络化研发成员，承担着相当于传统价值链上某一个或几个环节的更加专业化的核心业务，其价值将由其与其他成员关联的紧密程度来决定，成员能在保证各自优势的前提下从组织中获取资源整合优势。在网络化研发组织中，成员所处环境的多样性使其具备更多的学习机会从而有机会积累多种经验并发展多方面的能力。在这一背景下，组织必须选择某种适当结构来保证自身的知识学习和创新实践得以产生和持续。此外，由于研发活动具有高度不确定性，因此企业的组织结构也应具有较高程度的灵活性和一定的可调整性，但就组织的日常运营来说，组织结构又必须具有相对稳定性。因此，在服从网络化研发组织总体战略的前提下，成员组织可以根据具体环境及自身目标来构建各自不同的组织结构。

根据网络化研发组织研发项目的不同内容，可以将成员的战略导向分为技术导向和市场导向两类。在动态竞争环境下，市场导向强调适应变化、利用变化，而技术导向则强调制造变化、制造差异。随着组织外部环境变动的加剧，组织结构的弹性要求大大增加，部门间的沟通协调越来越重要。传统的组织结构从下层到上层，都是按照工作的相似性而将组织所要进行的活动加以归并和分组，通过纵向的层级链来协调和控制整个组织，正规化程度较高，中间层次较多，信息传递较慢，失真率较高，下层自主权较小。在这样的组织中，决策权集中在高层管理者手中，部门之间缺少合作，涉及的横向部门之间的相互协调、纵向管理层之间的指令传递需要一个正式的控制系统来实现。虽然从执行效率角度看，这一组织结构能够保证一定的效率，但是，在迅速变化的环境中，采用该组织结构的组织内不仅层级链负荷过重，而且仅仅依靠高层管理人员也很难对问题或机会做出快速的反应。

基于市场导向战略的成员认为，竞争优势来源于在充分了解用户需求的基础上为用户创造卓越价值的能力，同时应当密切关注竞争者的战略行为，并通过内部各部门间良好的协作及与其他成员间的研发合作来实现战略目标。成员一方面应主动加强与合作伙伴的沟通，提高自己在网络中的位置，扩展信息获取渠道、提升知识获取能力；另一方面应缩短组织内部信息传递路径、降低管理层级，克服组织机构复杂重叠现象，加快决策速度以快速了解市场并提高对市场的响应能力；尽量消除职能部门间信息传递障碍以缩短创新周期、保证组织内部良好的运营，同时赋予网络化研发项目参与部门和人员更多的权力，增强部门、人员间的横向联系，使组织更具灵活性，从而降低环境高度不确定性给企业造成的威胁。因此，基于市场导向战略的成员倾向于设立能够及时和灵活应对市场环境所带来的不确定风险、有效促进部门间相互配合的强矩阵式或线性组织结构，强调横向之间的协调，弱化职能边界以及与其他成员间的边界，员工承担的角色、任务随着研发任务的进行不断调整，同时积极拓展信息沟通渠道，充分授权，发挥员工的主观能动性，鼓励员工、团队、部门间积极进行合作、知识共享，以便于员工、团队和整个组织学习能力的提高。

基于技术导向战略的成员则要求组织具有强烈的创新动机，鼓励员工不断尝试和学习，愿意为创造性过程投入资源，具有一种追求超前、变革的文化，致力于通过创新、先发制人等理念指导其行为，以实现其战略目标。这类组织更倾向于提高技术创新及多种技术组合创新的能力。但是，由于这种战略导向的风险较大，对新知识的追寻有可能在短期内对合作成员间关系的稳定性以及合作满意程度造成不利影响，因此，基于技术导向战略的成员组织结构需要通过一定的兼容性和弹性来适应这一需要，于是更倾向于采用以某一部门实施网络化研发项目为主、其他部门配合且能促进组织学习能力提高的组织结构，并给予项目经理一定的网络化研发项目管理权力。

综上可知，网络化研发成员需基于战略导向对组织结构设置的要求，对组织结构进行动态的调整，使其高度符合战略要求，从而使组织资源配置合理、行为协同高效，真正发挥其对战略实施的组织保障作用。

第6章　网络化研发成员内部组织结构界面识别及管理

随着知识经济的到来，新理论、新技术层出不穷，知识领域间的交叉和融合已成为常态，单个组织已难以进行复杂的系统性研发，网络化研发组织应运而生。作为国家、区域科研活动的主导力量，企业已经成为网络化研发组织的重要组成部分。作为创新的主体，企业从事的创新活动具有不确定性高、风险大、创造性强等特点，因此，为了降低研发的不确定性、分担风险、缩短研发周期、节约交易成本、拓展知识获取渠道，企业积极地与高校或其他组织机构在正式或非正式的合作与交流基础上源于共同的研发目标或利益诉求形成协同研发共同体。网络化研发成员通过交互作用建立研发合作关系，在保持各自相对独立的利益及社会身份的同时，基于市场机遇、技术发展等需要在一段时间内联合进行研究开发。在研发合作过程中，网络化研发成员间不可避免地会产生知识、信息等资源交换，当资源交换存在障碍时，就产生了界面，但这实际上源于成员间存在目标、文化、能力等多方面差异。同时由于组织内部运行机制不完善、成员存在机会主义倾向等因素的存在，界面间会产生很多不利于网络化研发组织运行的冲突，直接导致资源在组织内流动不畅，影响组织整体的运行效率。因此，只有使网络化研发组织内部界面保持畅通，才能促进组织运行效率的提升，这需要对网络化研发成员组织结构界面进行有效识别和管理。

6.1 网络化研发成员内部组织结构界面识别

6.1.1 网络化研发成员内部组织结构界面成因分析

网络化研发成员构成的复杂性、研发项目的高风险特性，导致成员内部组织结构界面的成因是多方面的（图 6.1）。

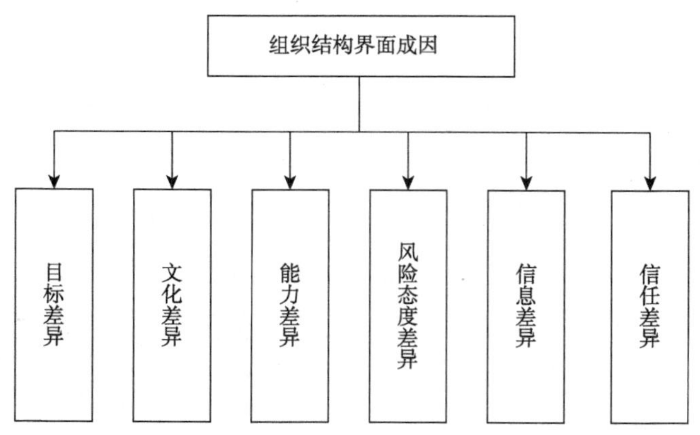

图 6.1 网络化研发成员内部组织结构界面成因

（1）目标差异。网络化研发成员在合作研发项目总体目标上是一致的，这也是网络化研发组织得以形成的根本原因。但在网络化研发项目具体实施过程中，组织需将总体目标细化，进而将相应的任务分配给成员。由于网络化研发成员也是彼此独立的经济实体，会受所在行业领域、发展阶段、经营战略等方面的影响，所以成员间目标会存在差异，有的成员参与网络化研发组织是为了提高自身的技术能力，有的是为了占据更多的市场份额。另外，成员承担的网络化研发组织分配的项目任务与成员自身目标也可能会存在一定偏差。因此，在网络化研发项目实施过程中，当网络化组织的决策不能满足成员自身的目标要求时，就会产生界面冲突。由目标差异所产生的界面冲突可能会使网络化研发组织陷入松散、混乱的局面，从而影响合作研发项目实施效果。

（2）文化差异。组织文化是组织在生产经营实践中逐步形成的，为全体员工所遵守，带有组织特点的使命、愿景、精神、价值观或者经营理念，以及这些理念在生产经营实践、管理制度、员工行为方式与组织对外形象上体现的总和。网络化研发组织运行涉及不同成员间的协同合作，而不同成员具有各自不同的文化，不同的文化背景会给成员塑造差异性的价值观体系，这使得合作研发项目运行过程中，成员间对彼此的决策和行为等产生质疑，相互之间的理解程度不足，从而导致了界面的产生。由于文化对个人、组织的影响在短期内难以改变，因此不同文化背景下个体、群体或组织在合作过程中不可避免地会产生界面冲突。但也正是由于这种界面的存在，不同文化背景下的成员才会在合作中发现问题，从而为合作研发的顺利开展提供新的契机。

（3）能力差异。由于行业领域、专业技术或者经营范围等方面差异的客观存在，网络化研发成员掌握的知识不尽相同，当面对同一项目管理问题时，不同的成员会基于其特定的知识背景做出不同的理解、决策和行为方式，处理问题时不可避免地也会带有浓厚的本专业的特定色彩，因此在合作研发过程中必然会因知识差异而在不同成员间产生相应的界面。由知识差异所形成的界面可能在短期内引发比较激烈的冲突，但也会随着合作的不断深入及知识共享、转移而逐渐减少。特别需要说明的是，由知识差异所造成的合作界面客观上也会增加审视项目管理问题的不同视角，刺激创新解决问题的方法。

（4）风险态度差异。网络化研发组织所从事的合作研发项目具有一定的风险，不同的成员对风险态度的差异会制约其在合作研发过程中的资源投入，并对其参与项目的积极性产生影响。成员受自身发展战略、企业文化、创新能力及外部环境等方面的影响会逐渐形成内在固有的风险态度和看法。网络化研发成员对风险的态度和看法具有内在性和长期累积性，短期内通常不易改变。网络化研发成员因长时间处于不同环境之中且各自承担风险的能力具有差异，因而在风险态度上必然存在着或多或少的差异。因此，在网络化研发组织中，有的成员对研发风险的承受能力较弱，参与合作研发的积极性不足，不愿意投入较多的资源；有的成员自身实力很强，具有较强的风险偏好，希望从网络化研发组织从事的项目中获得较大的收益，因而投入的资源就会较多。当在网络化研发项目管理过程中对风险型问题进行决策或采取措施时，不同成员在风险态度上的差异可能就会引发相应的界面冲突，进而对组织运行效率产生消极影响。

（5）信息差异。组织在信息收集、传递、处理与分析的过程中存在着信息粘滞、信息延迟、信息失真与缺失等情况，这也导致网络化研发组织中不同成员之间因信息差异而产生界面。其中，信息粘滞是影响成员信息差异的主要因素之一。信息粘滞是指信息在传递过程中因遗忘或过载而滞留于某一中间环节的现象。它同信息延迟、信息失真与缺失等问题使网络化研发组织不同成员在项目实施过程中可能会采取不一致的非协调性行动。由信息障碍引发的界面矛盾更多地导致决策失误和成员间的心理隔阂，从而影响网络化研发组织总体目标及成员各自目标的实现。

（6）信任差异。网络化研发成员彼此之间的信任程度是导致界面产生的重要原因。如果成员间合作次数较多，合作经验丰富，合作效果较好，信任程度就会很高，那么由其联合组成的网络化研发组织运作中出现冲突和矛盾的可能性就会较低，所产生界面的数量就会比较少；相反，如果成员之间的信任关系尚未得以构建或者信任程度较低，那么双方在合作过程中出现矛盾的概率就会较大，界面数量就可能较多。由信任程度引发的界面冲突会随着网络化研发项目的进行、成员间了解程度的加深而逐渐消除。该类界面的存在也有其积极的一面，即可以使网络化研发成员为了能够再次合作而在本次合作过程中更加努力，有利于合作研发项目的顺利实施。

6.1.2 网络化研发成员内部组织结构界面的类别

基于李春好和杜元伟（2011）对界面的划分，本书结合实地调研结果，将网络化研发组织界面分为资源投入类界面、管理过程类界面和组织结构类界面。

1. 资源投入类界面

资源投入类界面可以分为人员投入界面和信息投入界面。

（1）人员投入界面。在网络化研发组织中，成员间通常会根据合作研发项目的需要组建一定规模的合作研发团队。该研发团队具有灵活、开放的特点，同时人员构成也可以根据项目进展情况进行相应的调整。在项目实施过程中，各成员所投入的人员数量、质量将直接影响合作研发项目的实施效果。如果成员所投入人员的素质、能力、知识结构均能满足项目的需要且成员间能够较好地契合，那么合作研发项目将能有效顺利地开展，网络化研发组织运行将取得预期的效果。

（2）信息投入界面。网络化研发成员在合作研发项目实施过程中投入信息的数量、质量、及时性等将影响项目预期目标的实现。网络化研发组织成员均有各自的优势，但考虑到自身的收益、知识溢出的成本、竞争优势的维系，是否愿意将自身掌握的相对核心的知识、信息在成员间共享并用于合作研发项目中将对项目预期效果具有很大影响。

2. 管理过程类界面

管理过程类界面可以进一步分为范围管理界面、进度管理界面、质量管理界面、成本管理界面和沟通管理界面。

（1）范围管理界面。范围管理是指为了确保合作研发项目顺利进行，网络化研发成员对研发工作范围和成果范围开展的管理工作。由于成员在利益诉求、核心优势等方面存在差异，成员对工作范围和成果范围理解不一致，进而导致范围管理界面的产生。如果由于技术发展趋势、竞争环境等的变化，需对范围进行调整，也需要网络化研发成员进行变更确认。

（2）进度管理界面。进度管理是指在保证合作研发项目质量的前提下，网络化研发成员为了按时完成项目而开展的管理工作。合作研发项目相对于一般项目而言涉及的项目关系人更多、任务更多，项目的网络图也更为复杂，因此对项目各活动的逻辑顺序、时间安排、项目进度参数计算、关键路径等的准确性要求更高。当进度管理界面存在冲突时，涉及的网络化研发成员需要及时调整投入的资源、活动的逻辑顺序、活动的工时，以保证按时完成项目。

（3）质量管理界面。合作研发项目的质量取决于网络化研发组织对项目计划的整体安排、成员的技术能力、参与合作的积极性及彼此之间的相互配合程度等。当成员对合作研发项目质量计划难以达成一致意见时将会产生质量管理界面，一旦质量管理界面冲突没有很好地得到解决，将会导致网络化研发成员间信任度降低与配合难度加大。

（4）成本管理界面。成本管理是指为了保障网络化研发项目实际发生成本不超过既定预算而开展的成本估算和预算编制、成本控制等管理活动。网络化研发项目成本管理主要是通过管理活动使组织按照质量要求、进度要求低成本地完成合作研发项目。因此，网络化研发成员需要在成本估算、预算方面达成一致，否则就会产生成本管理界面冲突并影响项目的进展。

（5）沟通管理界面。沟通管理是指网络化研发组织在合作研发项目实施过程中为确保及时有效地在成员间沟通信息而开展的一项专项管理工作。开展沟通管理的根本目的是要更好地获得和使用成员掌握的信息以便促进项目按计划实施。此外，为了处理一些不确定性情况，成员间需要及时沟通。当成员对沟通方案的意见不统一时就会产生项目沟通管理界面。

3. 组织结构类界面

组织结构类界面可以进一步分为人员界面、项目团队界面及高层决策者界面。

（1）人员界面。由于网络化研发组织所进行的研发项目多集中在开发难度大、投资大、风险大的技术领域，成员也不局限于同一区域、同一行业，所以文化、地域等方面的差异也会导致相关人员在思维方式、行为方式、决策过程等方面存在较大不同，在项目范围、成本、质量、进度等方面可能会存在不一致的意见，而且各成员的网络位置、利益诉求、合作目的、竞争优势等也存在差异。因此，在研发合作过程中，由于受到所在组织的影响，网络化研发项目参与人员在目标、文化、沟通等方面都可能存在着差异。同时各成员基于所在行业地位的考虑，在与其他成员合作时会对本组织核心技术或专有技术的保密工作制定一系列的行为准则，进而导致人员在合作中技术交流、沟通不畅，知识共享的广度和深度受限，这必然会导致人员界面的产生。另外，在同一成员组织内部，参与合作研发项目的人员可能来自不同部门，一方面要接受项目经理的领导，另一方面要接受原部门经理的领导，这种组织结构设置使项目参与人员不得不在部门利益与项目利益之间做出权衡，从而导致界面的产生。

（2）项目团队界面。网络化研发成员的项目团队界面主要体现在三个方面：一是时间精力界面，即根据团队成员可能投入的时间来确定团队成员合作时间安排。团队成员在同一时间可能从事不同项目，所以成员投入的精力及时间安排可能存在冲突，从而导致界面的产生。二是专业知识界面。人员的专业知识能力存在差异，项目团队成员对合作研发项目目标的理解不同、对研发资源的占有程度不同、在项目生命周期不同阶段从事的任务不同，项目参与人员承担的任务与自己的能力还可能存在不匹配的情况，这些都会使不同阶段任务之间的衔接工作、同一阶段任务的完成度可能难以达到预期效果。特别是研发项目范围变更、进度调整、成本变化、网络化研发成员从事项目时间变化等会导致项目团队间协调困难，从而导致界面的存在。三是项目经理与成员间界面。合作研发项目复杂性程度相对一般项目更高，项目经理需要领导团队成员按照预定目标完成项目，因此项目经理必须具有较高的团队管理、专业技术、冲突处理、资源分配等能力。同时由于项目团队成员来自不同的组织，项目经理与团队成员间相互了解程度不足，容易在任务分配、团队成员间合作等方面出现冲突，从而产生界面。

（3）高层决策者界面。网络化研发组织的顺利运行离不开各成员高层决策者的决策。高层决策者会基于自身的能力、战略、环境等方面的考虑，对网络化研发合作的方向、内容、领域、目标、合作者的选择进行综合权衡，进而做出合作的最终决策。高层决策者对所在组织自身发展需要、技术发展方向、研发合作的障碍等因素的不同认识是界面产生的根本原因之一。但相对项目团队、团队成员而言，高层决策者由于占有的信息更多，一旦确定合作关系，合作障碍反而较少。

资源投入类界面、管理过程类界面和组织结构类界面构成了网络化研发组织界面系统，这些界面相互影响。其中，组织结构类界面最为关键，对组织结构类界面的有效协调和管理是解决其他两类界面产生冲突的重要条件。在网络化研发成员合作研发过程中，有效识别和管理成员内部组织结构的各个界面，是保证组织良性运转的关键，亦是成员内在组织结构进行合理设置的先决条件。

6.2 网络化研发成员内部组织结构界面管理

由于网络化研发成员之间的目标、文化等差异，合作过程中又涉及不同人员、项目团队以及高层决策者间资源、信息等的复杂性联结与整合，从而形成了多种界面冲突，因此必须对相应界面进行有效管理才能保证网络化研发组织的协调和高效运行。基于前文分析，本书认为，网络化研发成员内部组织结构界面管理必须遵循如下原理。

1. 无等级协调原理

无等级协调是指在处理网络化研发成员人员界面、项目团队界面冲突时，尽量使等级泛化，从而打破等级界限、消除层次隔阂、实施一体化管理。具体涵盖如下内容：一是等级中性。等级中性突出的是对个性行为的影响，网络化研发成员应出台相应的激励措施以保证合作研发项目的参与人员以及项目团队之间的相互配合。同时应实施员工在部门间定期轮换制度，有利于消除人员在职能部门范围内产生的界面冲突。二是充实等级，即将网络化研发成员中参与合作研发项目的人员、项目团队的有效协调形式引入某个现存的等级，如引入信息联络员制度，通过不断的信息交换来使相关部门达到相同等级的知识水平。技术委员会或部门间委员会也是最常见的界面管理方式，委员会在职责、规模、构成、工作方式、领导方式和工作期限等各方面都是高度柔性的，网络化研发成员可以借用这类委员会去处理跨组织、跨层次、跨部门的界面冲突。三是代替等级，即淡化现存等级的部分职能。通过代替等级的协调方式将界面问题转化为非人为的机制状况，这种形式特别适合解决网络化研发成员中参与合作研发项目的人员、项目团队之间涉及的资源冲突问题。通常采用的方式是目标管理方法，实现以个人为导向，重视调动人的主动性和积极性，并进行适度授权，强调责、权、利三者的统一，同时在人员间、团队间、部门间实施知识、信息共享。

2. 跨职能整合原理

网络化研发成员内部的人员界面冲突和项目团队界面冲突来源于参与合作研发项目的相关职能部门、流程、人员之间的联系和相互作用。为了最大限度地减少或消除这类联系中产生的摩擦，网络化研发成员可以采取跨职能整合的方式进行界面管理。跨职能整合是指在界面管理中运用系统整体性原理，在网络化研发组织整体目标及成员自身目标的指导下实现网络化研发成员中人员、团队、部门之间有效的沟通与协作，以充分利用资源，提高研发绩效。跨职能整合的实施要求弱化传统的、较为严格的岗位职责划分，使网络化研发组织内参与合作研发项目的人员全力配合、密切关注网络化研发项目的实施情况。跨职能整合也要求高层决策者由过去的精通某一职能的专才转为适应网络化研发组织需要的通才，并通过组建与网络化研发成员知识互补的管理专家委员会帮助所在组织做出正确的研发项目决策。

3. 跨文化沟通原理

网络化研发成员人员界面、项目团队界面及高层决策者界面冲突产生的原因之一是文化差异导致的交流、沟通不充分，不同文化背景的个体、群体及组织往往会产生不同的行为准则、意识形态，进而直接导致不同的行为方式和决策偏好。跨文化沟通旨在通过网络化研发组织组织结构的调整，实现参与合作研发项目的人员、项目团队及高层决策者间的信息沟通顺畅和认识上的协调一致，具体包括个性文化沟通、组织文化沟通和跨地域文化沟通。实现个性文化沟通的途径主要是构建参与合作研发项目的人员、项目团队及高层决策者间的信息沟通机制，提高信息传递速度和准确性；明确人员、项目团队及高层决策者的责、权、利，减少成员内的管理层次，使组织结构扁平化，鼓励彼此间协同合作；采取适当的教育培训方式，提高人员的整体素质，为建立人员、项目团队及高层决策者间的沟通交流提供一个开放坦诚的环境。网络化研发成员的高层决策者需经常性地对项目成员进行培训，及时地进行信息沟通，以便团队成员接受到充分的项目信息，在行为及决策上容易达成一致；加强相关部门、团队、个人间的信息有效交流和文化高度融合，特别强调群体参与意识的提高、价值观的统一和凝聚力的形成。不同地域的成员间通过强调网络化研发组织的共同目标来实现彼此间的跨文化沟通，以形成高效能团队精神和创新精神。总之，在网络化研发组织整体目标指导约束下，通过加强沟通、增进了解，力争使参与网络化研发组织的成员、团队、高层决策者主动充分掌握合作研发项目的相关信息，降低界面冲突，实现更好的协同合作。

4. 自组织协作原理

无论是跨职能整合，还是跨文化沟通，为了消除网络化研发成员组织结构界面冲突，都应发挥协商合作精神。这是因为任何单个成员都无法将合作研发项目实施需要的资源、能力集于一身，任何形式的交流都不可避免地存留一些信息死角。因此，只有促使具有不同专业职能的人员、不同的职能部门和不同集成要素通力合作，才能突破界面的阻隔，保证成员内部及成员间的协调配合，实现合作研发项目目标。从自组织理论的观点来看，网络化研发项目从启动、计划、实施至收尾的过程是网络化研发组织有序发展的过程，因此必须实现参与合作研发项目的人员、职能部门、团队、环节之间的自组织协作，以使网络化研发组织系统产生整体性行为。其中，合作研发项目联合团队是网络化研发组织中常用的一种协作模式，它是由网络化研发成员抽调一部分人员、团队或职能部门组成的一个临时性组织，具有明确的研发目标和任务，成员组织的高层领导对各自参与这一临时性组织的人员、团队或职能部门给予一定授权。基于合作研发目标，来自不同网络化研发成员、不同成员内部部门的人员既分工又协作，能够减少网络化研发活动中跨组织行为导致的效率损失。项目联合团队内部人员间是一种协作关系，在这样的工作氛围中，团队成员更易具有认同感和成就感，相关人员的研发活动自由空间更大，因而更易发挥每个小组成员的潜在能力，从而提高创新效率。

网络化研发成员内部组织结构界面包括人员界面、项目团队界面和高层决策者界面，对上述界面进行管理需要遵循无等级协调、跨职能整合、跨文化沟通、自组织协作原理。此外，网络化研发成员内部界面还包括管理过程类界面和资源投入类界面。其中，管理过程类界面包括范围管理界面、进度管理界面、质量管理界面、成本管理界面和沟通管理界面。资源投入类界面包括人员投入界面和信息投入界面。管理过程类界面、资源投入类界面和组织结构类界面共同构成了界面系统，彼此相互影响。其中，对组织结构类界面的管理直接影响着其他两类界面的管理（网络化研发成员内部组织结构界面识别及管理如图 6.2 所示）。因此，在网络化研发成员中，对组织结构的创新将有助于组织结构类界面冲突的解决，从而影响其他两类界面，这也是保证网络化研发组织高效运行的关键。

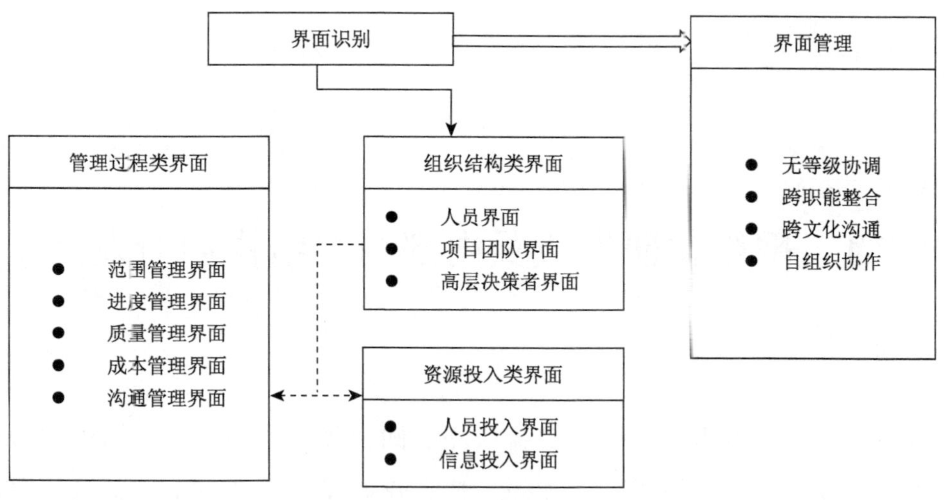

图 6.2　网络化研发成员内部组织结构界面识别及管理

第7章　网络化研发成员内部组织结构创新设计及评价

7.1　网络化研发成员内部组织结构创新设计

科学技术的发展、竞争的日益激烈、知识复杂性的提高、知识创造速度的加快以及行业生命周期的缩短，使合作研发在企业技术创新过程中所起的作用越来越重要。网络化研发成员需要在诸如研究任务分解、所有权分配、成果共享、各自专有技术保护等问题上花费大量时间、精力和费用进行谈判并签订合作协议，这属于基于权利和义务对资源进行的有效配置。一方面项目经理要就合作中的权利义务与合作伙伴洽谈；另一方面由于项目经理的专业知识结构和团队能力限制，项目经理无暇也不能完全依托其团队力量解决攻坚技术难题、探索前沿技术研究、规划组织长远技术发展，因此需要组织高层管理人员的指引更要借助组织外部的力量，对组织结构进行重新设计。

1. 在中心–卫星式网络化研发组织中处于中心位置且具有技术导向的成员组织结构创新形式

在中心–卫星式网络化研发组织中居于中心位置的成员，对网络化研发项目的选择及实施、研发合作伙伴的选择、网络化研发组织的运行等具有重要的决策及组织权力，且与其他成员联系较多，这类成员主要是通过网络化研发活动的进行提高自身的技术能力，普遍具有技术导向。因此，基于上述分析，本书在传统的矩阵式组织结构一般形式的基础上提出适于中心–卫星式网络化研发组织处于中心位置且具有技术导向的成员组织结构创新形式（图 7.1），网络化研发成员在内部成立技术创新委员会和专家委员会，从而使组织内部对合作研发实施管理的部门达到三个，即技术创新委员会、专家委员会和项目管理部门，三部门的职责范围依据工作内容予以区分。

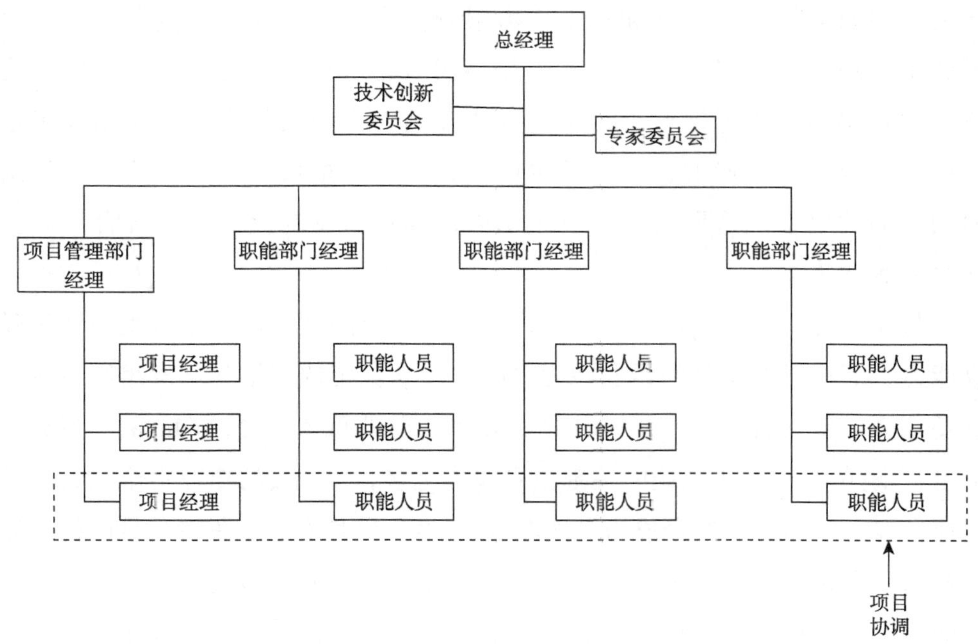

图 7.1　在中心–卫星式网络化研发组织中处于中心位置且具有技术导向的成员组织结构创新形式

虚线框内为参与项目活动的成员

1）技术创新委员会

技术创新委员会是组织在技术、财务、经营等各方面的顶层设计者，对有效预防及解决合作研发界面冲突发挥着至关重要的作用，因此对该委员会的人员构成也有着更加严格的要求。技术创新委员会成员一般由组织内部高层管理人员和技术骨干以及组织外相关领域的专家学者构成。技术创新委员会一方面要制定组织的长期技术发展规划，引领组织和合作伙伴对关乎技术更新换代和产业发展的具有前瞻性和先导性的技术进行探索研究，力争发挥科技引领未来的先导作用；另一方面也要努力把组织建设成学习型组织，提高组织整合与创新知识的能力，为组织长远发展奠定基础。

网络化研发组织出现的一个重要原因就是分担创新风险、促进产业转型升级，技术创新委员会的设立有利于解决网络化研发成员组织层面的目标差异以及研发技术标准、合作研发项目进度冲突等问题，因为技术创新委员会人员无论从管理层面还是从技术层面都具有权威性，能最大限度地降低组织间因知识差异性和技术能力限制而导致的合作项目资源和任务分配的不合理性。同时，技术创新委员会代表着组织的综合实力，在网络化研发项目实施的沟通探讨中，帮助各成员站在产业技术更新换代角度来达成更加一致的合作研发目标，减少由于目标差异造成的项目团队和人员层面的界面冲突，促进网络化研发组织内部知识共享与交流，提升合作研发项目实施效率。

与此同时，技术创新委员会对内化合作伙伴隐性知识、提升组织知识吸收能力、缩小研发伙伴间研发能力差距、建立稳定的网络化研发组织也具有重要意义。研发合作是组织外部技术知识获取的重要途径。Ohmae（1989）指出，“现在的产品所依赖的关键技术非常之多，大多数的企业很难做到样样精通，涉足外部技术诀窍成为必然”。与顾客、供货商、竞争者、科研机构等的跨组织合作，可以增大组织学习范围，使组织获取并内化合作伙伴的知识与能力，甚至取得与合作伙伴有关系的第三方的知识与信息，以建立新的整合知识，有助于组织的持续创新。Bastos（2001）指出创新依赖知识的创造或整合应用，因此必须耗费成本与时间，经由组织间合作，通过与合作伙伴之间的相互学习来提高自身的知识水平，并经过整合应用产生有助于提升创新绩效的结果。不过，值得注意的是，尽管组织间学习是许多组织进行合作研发的一个重要动机，但是此动机的存在并不一定总是会对合作起促进作用。从组织学习的观点来看，学习必须建立在过去知识的积累基础上，只有具有较高知识吸收能力的组织，才能从合作研发中取得更大收益。如果双方在进行知识转移时没有以相关基础知识作为共同语言，那么相互学习将很难有效应。以往的合作研发过程中，合作者往往作为专家通过提供自有知识的方式参与技术知识的转移并获得学习效应，但是在网络化研发项目中，合作者往往作为“共同研究者”或者是“共同开发者”来实现技术知识的转移和学习，因此，为了提高组织学习的能力和效率，组织内的技术创新委员会承担着组织学习的任务，从组织层面探索适合的知识管理模式和合作研发学习的知识内化通道，推进学习型组织的建立。综上所述，技术创新委员会的设立一方面满足了组织希望以更快的创新速度来不断创造更为先进、更为复杂也更能满足竞争需要的知识和技术，维持和增强市场竞争能力，建设学习型组织的内在需求；另一方面也最大限度地降低了研发活动的巨大投入和创新活动所具有的内在不确定性。同时，技术创新委员会的设立也是组织结构扁平化的一个重要体现。

2）专家委员会

专家委员会主要是指由组织内的技术骨干和组织外的技术专家所构成的一个高级技术人员团队。与技术创新委员会所具有的方向指引作用不同，专家委员会需要发挥承上启下的作用。专家委员会根据技术创新委员会对整个组织的顶层设计，对前沿技术和关键技术方案的可行性进行审核评估，并连同项目经理对合作研发项目的具体环节进行审核，同时，专家委员会还是组织学习活动的具体组织者。

专家委员会负责对合作研发项目涉及的技术标准进行审核与确认，如果专家委员会能确保该过程的合理性和公平性，那么将有效降低网络内合作研发项目团队层面和人员层面的界面冲突。对于前沿技术方向和关键技术难题，专家委员会与合作伙伴共同选择相应的实施方案，确定更为具体的技术标准尤其是重大环节的技术标准。一方面，由于专家委员会具有较为过硬的专业知识素养，因此各合作伙伴之间的交流更为顺畅；另一方面，由于专家委员会对技术的把握更为准确，这也能最大限度地识别出合作伙伴在利益的驱使下恶意降低技术标准的投机行为，甚至能在合作初期剔除此类伙伴，进而减少项目团队层面的技术标准冲突和人员层面的目标差异冲突以保证合作研发有效进行。同时，专家委员会对重要环节的审核保证了合作研发项目在本组织的有效、高质量开展，在一定意义上也提高了参与研发工作的质量，从而提升了本组织的组织形象，最终降低网络化研发成员之间组织层面、项目团队层面、个人层面基于信任而造成的界面冲突。在研发初期，专家委员会基于合作初期与合作伙伴确定的各环节技术评审标准来对由合作伙伴提供的研发成果进行评审，以保证合作研发绩效。在项目开发的过程中，专家委员会负责研发活动各环节的管理评审与技术评审问题。无论是合作研发的大项目，还是组织内承担的小项目，专家委员会都可以根据项目初期确定的技术指标和管理文件对各阶段的成果进行评审。只有通过评审，成果才能由合作伙伴或者组织内的上一阶段转入下一阶段；如果评审不成功，在问题解决之前无法进入下一阶段。专家委员会对各研发环节的评审保证了研发活动的权威性和可靠性，更重要的是对研发各环节的评审减少了研发网络内各组织的协调矛盾、降低了研发协调成本，最大限度地保证了合作研发绩效。

改善组织知识结构、提升组织知识吸收能力一方面能有减少因知识差异造成的网络化研发组织的界面冲突，另一方面也能有效提高合作研发效率、提升组织绩效。因此，承担组织学习具体实施的任务是专家委员会的重要责任之一。专家委员会可以采用多种学习策略。一是组织知名专家开展学术讲座，提高组织人员技术能力和知识储备量，把组织学习作为组织参与合作研发的重要内容；二是学习合作研发过程中所积累的经验与知识，不断总结、发现和升华其中有价值的知识；三是构建合适的知识管理模式并建立组织内的知识库，促进知识进一步整合和创新。

3）项目经理

项目经理由项目管理部门的人员担任。相对于专家委员会和技术创新委员会，项目经理作为合作研发的具体实施者，所负责的任务更为具体，包含与合作伙伴项目团队沟通、监督合作伙伴的项目进度、督促本组织内项目团队顺利完成合作项目、协调本组织内各部门关系和资源分配等。项目经理是合作研发团队具有较高凝聚力的重要保证，在实施合作研发项目的过程中起着至关重要的作用。合作研发项目所具有的特殊性决定了项目经理只有完全具备道德、技术、管理、公关等各方面的素质和能力才有可能领导项目团队在特定的时间、成本、技术等各种资源约束条件下完成合作研发项目。卓越的道德修养和超群的技术能力是项目负责人凝聚项目团队、高质量完成项目的基本素质，而优秀的项目管理能力和突出的公关能力又是项目经理协调项目内外部元素关系的必要能力。诚然，完全具备上述素质与能力的对象无疑是项目负责人的最优选择，但资源的稀缺性注定了其在实际操作中往往难以获取，更多情况下需要在不完全具备上述能力但互有优势的若干备选对象中予以选取。技术创新委员会和专家委员会的成立则有效地弥补了项目经理在个人能力方面的某些欠缺。

技术创新委员会、专家委员会和项目经理既存在从上到下的领导关系，也存在从下到上的反馈机制。项目经理主要对普通合作项目负责，一旦项目超出其权力和能力限制，就将问题反馈到专家委员会和技术创新委员会。项目经理可以是专家委员会或者技术创新委员会的成员。由于信息传递层次减少，这种组织结构能有效降低信息失真，提高决策速度。

2. 在中心-卫星式网络化研发组织中处于中介位置且具有技术导向的成员组织结构创新形式

在中心-卫星式网络化研发组织中居于中介位置的成员，与组织中不同成员联系，获取差异化信息、知识。此类成员参与网络化研发组织的目的就是提高获取知识的范围、质量与效率。技术创新委员会和专家委员会的设立能够有效解决组织中长期的技术发展方向与合作研发组织层面的技术标准不同和目标差异所造成的界面冲突，但是却难以解决合作伙伴间能力差距造成的矛盾。为了更好地将从不同成员处获得的知识、信息进行消化吸收，并转化为组织的知识存量，实现加入网络化研发组织的预期目标，此类成员需要引进网络化研发组织相关成员的项目管理人员或技术人员。因此，基于上述分析，本书在传统的线性组织结构一般形式的基础上提出适于中心-卫星式网络化研发组织，成员处于中介位置且具有技术导向的组织结构创新形式（图 7.2）。这种形式一方面解决了合作伙伴间因能力和知识差距所造成的组织、项目团队和人员层面的界面冲突；另一方面也能通过合作伙伴人员的参与加强合作伙伴之间的沟通，提高合作伙伴间的信任程度，有效解决项目团队层面和人员层面的沟通障碍，促使网络化研发组织内部知识共享与知识整合的实现。

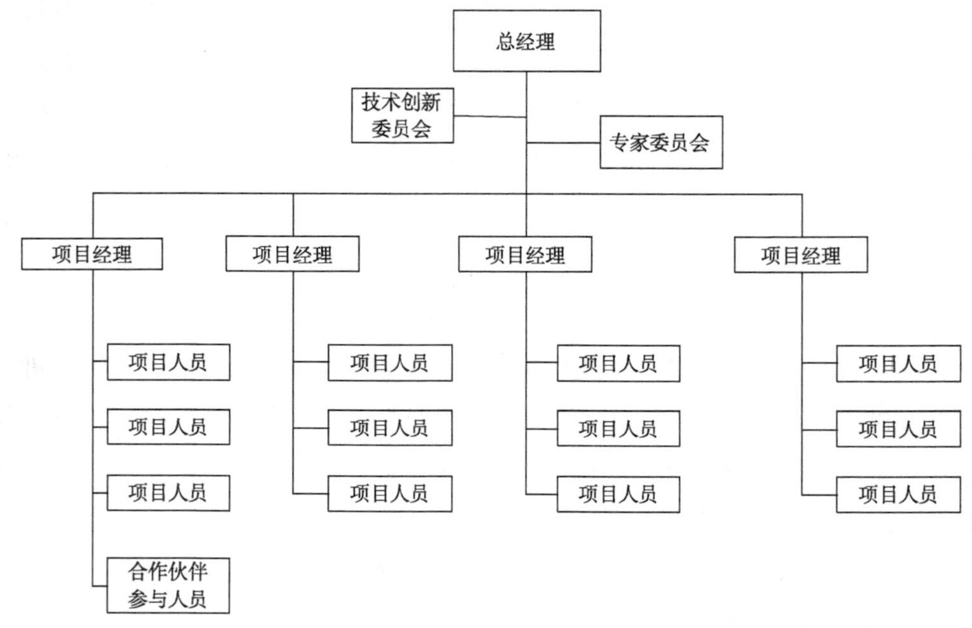

图 7.2 在中心–卫星式网络化研发组织中处于中介位置且具有技术导向的成员组织结构创新形式

3. 在中心–卫星式网络化研发组织中处于边缘位置的成员组织结构创新形式

在中心–卫星式网络化研发组织中居于边缘位置的成员，与其他成员联系不多，且技术能力相对其他成员普遍较弱。因此，为了提高对网络化研发组织的嵌入度，此类成员应当从人才市场直接招聘项目所需的人员，以便快速提升组织技术能力，进而提出如下两种组织结构创新形式（图 7.3 和图 7.4）。市场招聘人员的选择由项目经理确定，同时其绩效评价也主要由项目经理完成。在这种情况下，组织内部可以设置薪酬特区，主要用于市场化招聘专业技术人员工资薪酬和特殊贡献人员的奖励。

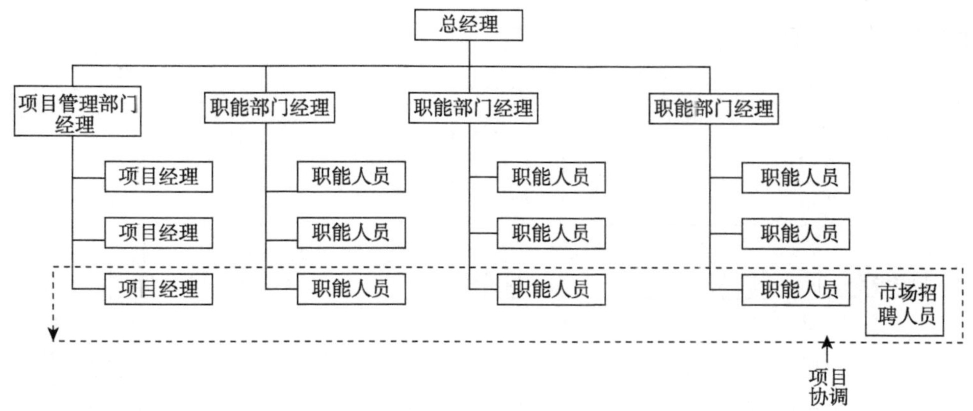

图 7.3　在中心-卫星式网络化研发组织中处于边缘位置的成员组织结构创新形式（一）

虚线框内为参与项目活动的成员

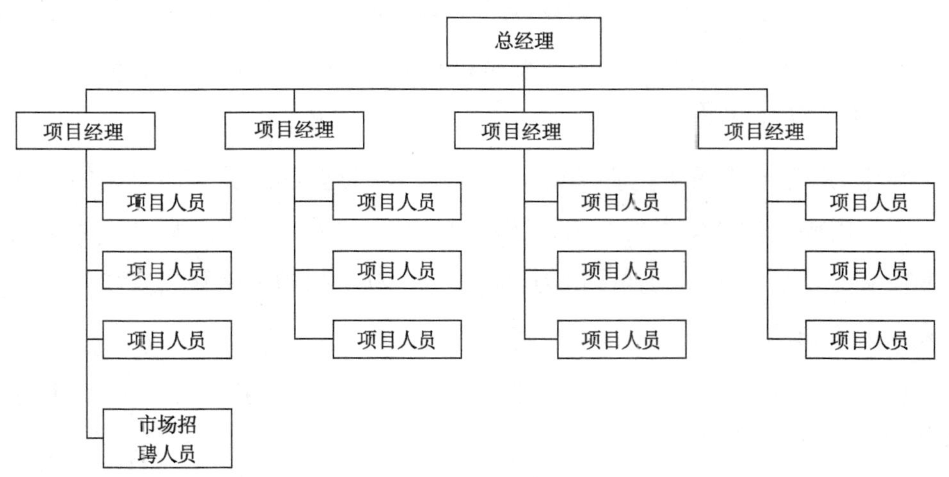

图 7.4　在中心-卫星式网络化研发组织中处于边缘位置的成员组织结构创新形式（二）

4. 蛛网式网络化研发组织中具有技术导向的成员组织结构创新形式

蛛网式网络化研发组织通常因市场或技术的发展而形成，成员地位平等，交流频繁，成员彼此间不存在领导和控制关系。网络化研发项目通常由成员内某一部门负责，为保证知识共享及创新的效率，通常需要提高项目决策速度，缩短知识流动路径，因此，本书基于线性组织结构提出适于此类成员的组织结构创新形式（图 7.5），技术创新委员会对有效预防及解决合作研发界面冲突发挥着非常重要的作用。

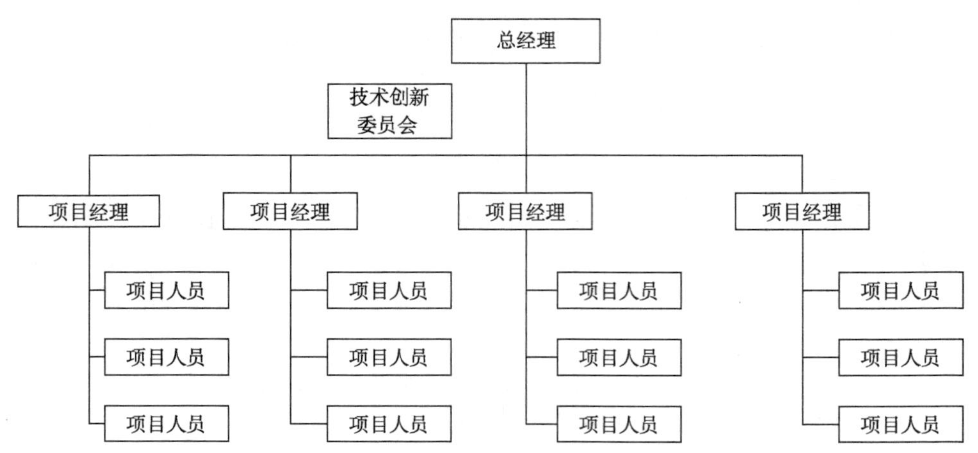

图 7.5 蛛网式网络化研发组织中具有技术导向的成员组织结构创新形式

5. 在中心-卫星式网络化研发组织中处于中心位置且具有市场导向的成员组织结构创新形式

在中心-卫星式网络化研发组织中处于中心位置的成员，面对新的市场导向，不仅需要关注竞争者的行为，还需要充分了解潜在用户。因此，为了快速了解市场并增加对市场的响应能力，需要从市场上招聘网络化研发项目所需的相关人员（图 7.6）。

6. 在中心-卫星式网络化研发组织中处于中介位置且具有市场导向的成员组织结构创新形式

在中心-卫星式网络化研发组织中居于中介位置的成员，由于其特殊地位，为了快速响应市场需求，加强网络化研发成员之间的沟通，提高合作伙伴间的信任程度，缩小本组织与合作伙伴知识吸收能力和研发能力的差距，减少合作伙伴间因知识和能力差异而造成的组织层面、项目团队层面、人员层面的界面冲突，实现网络化研发成员间的知识共享与知识整合，设立技术创新委员会和专家委员会，增加专家委员会从市场招聘项目所需人员的权力，并由项目经理负责这些招聘人员的绩效评价，此类成员组织结构创新形式如图 7.7 所示。

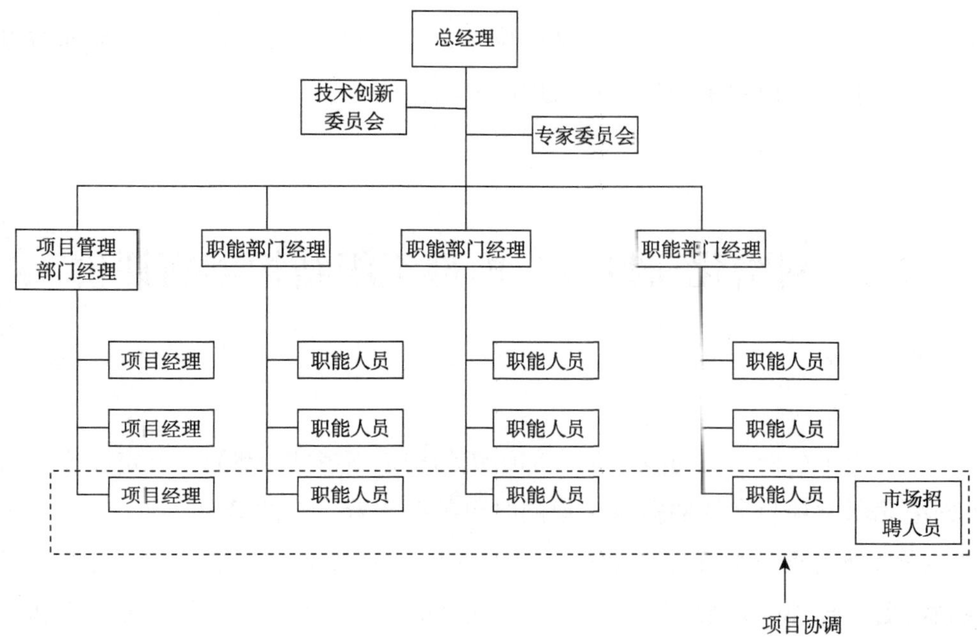

图 7.6　在中心-卫星式网络化研发组织中处于中心位置且具有市场导向的成员组织结构创新形式

虚线框内为参与项目活动的成员

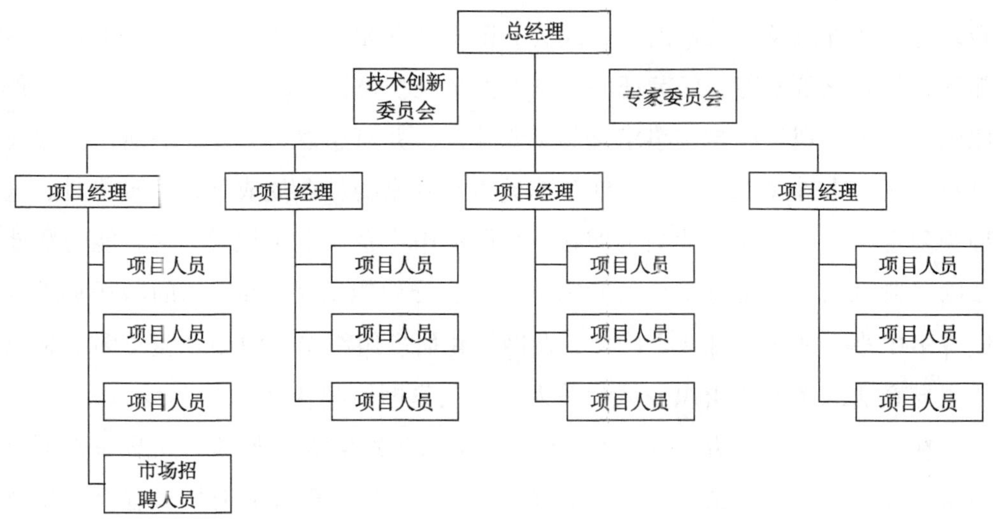

图 7.7　在中心-卫星式网络化研发组织中处于中介位置且具有市场导向的成员组织结构创新形式

总体来看，技术创新委员会和专家委员会的成立、市场招聘人才及合作伙伴人员的参与都满足了组织基于网络位置、战略导向和组织模式的考虑而对组织决策权下放、组织结构扁平化发展的要求。

7.2 网络化研发成员内部组织结构创新评价

上文提出的网络化研发成员内部组织结构创新形式，都能在一定程度上满足网络化研发项目实施的需求，但同时也都存在着一定的局限性。

技术创新委员会和专家委员会的成立可以使组织对合作研发项目的可行性做出更加合理的判断，降低合作研发项目的不确定性。技术创新委员会和专家委员会成立的一个重要目的就是弥补项目经理在专业能力方面的欠缺，这就要求技术创新委员会和专家委员会成员都需要具有较强的综合素质，其中包括对项目可能出现的问题进行识别、分析和处理的决策能力，利用已有资源创造新理论、新方法及新技术的创新能力，牢固掌握相关专业技术知识，了解前沿知识，具有吃苦耐劳、任劳任怨、身先士卒及积极肯干的敬业精神，坚持工作原则、尊重客观规律与实事求是的工作作风，并有感恩、大度、慷慨、勤俭及自我克制等人性美德。但技术创新委员会和专家委员会的成立也有局限性，这种局限性尤其在中小企业更为明显。我国的中小企业由于规模、盈利能力和地域的限制难以请到足够知名的专家学者来指导组织发展，且较高的聘任费用也使许多中小企业望而却步。因此，在网络化研发组织中，中小企业更多的是依赖主导企业或者核心组织委派相关人员来提高网络契合度。

在市场招聘人才方面，基于项目特殊需求组织需要对外招聘人员完善项目团队，这对有效缩小成员间的技术差距、做好项目各模块的衔接具有至关重要的作用。市场化人员聘任制不仅解决了网络化研发成员人员供给与需求之间的矛盾，也解决了聘任人员不能顺利离职的后顾之忧。另外，市场化聘任人员的工资待遇在组织内具有保密性，在一定程度上避免了项目团队间因工资差异而造成的矛盾对立。但是市场招聘人员加入项目团队也有一定的弊端，具体表现在如下方面：一是知识留存方面。在一些网络化研发项目中，随着合作研发项目的结束，市场化聘任人员与组织的合作关系也就结束了，在项目实施期间累积的知识创新部分也就随着该人员的离开而丧失，无论从现阶段成本效益角度还是从组织长远发展来看都对组织不利。二是忠诚度方面。一些市场招聘的人员虽然不是随着网络化研发项目的结束而离开，但市场化运作使这些人员喜欢“用脚投票”，缺乏对组织的忠诚度，若组织未能在物质和精神上满足其要求，他们就会选择离开，不利于组织技术的长远发展。

在合作伙伴人员参与方面，也需要网络化研发成员辩证地认识其优劣。合作伙伴派人员到本组织内部参与网络化研发项目有利于网络化研发成员间建立信任氛围和互利信念。信任氛围和互利信念是网络化研发组织合作管理机制科学有效的具体表现，将会直接影响项目的实际实施效果。如果管理机制科学有效，能够为合作双方之间搭建起相互信任、彼此互利的紧密合作关系，那么就能为异质性和互补性资源的共享与转移构建传递平台。基于这个平台，网络化研发成员既能够充分利用所共享的软硬件研发资源获得不能自给的知识资源、降低获取知识的交易成本，又能够在项目合作过程中相互学习、共同实践，实现知识的有效共享和转移，提高自身的综合研发能力。但合作伙伴人员的参与也存在弊端。一方面，合作方都会有意识地建立一种显性或隐性的防卫措施以阻止自身关键资源或者核心资源的外泄，进而导致合作方之间存在学习障碍。例如，对于自身诸如核心机密、特殊技能等关键资源，一方往往会提高警觉、严格控制以降低其对另一方的透明度或开放度，防止资源外溢；同时，对于非关键资源也不会积极克服信息粘滞效应，导致信息传递障碍。另一方面，合作双方都不愿共享自身资源而只想吸纳对方资源的倾向容易导致机会主义行为的出现，一旦一方从另一方得到了自己想要的资源就不会再有足够的动力去维系合作关系，从而增大合作失败的风险。

第 8 章　网络化研发成员内部组织结构创新的保障措施

8.1　搭建现代管理信息系统

信息化技术的飞速发展为组织结构创新提供了强大的技术支撑，在加快信息传递速度、提高决策效率的同时，也增加了组织的管理难度，这就进一步要求网络化研发成员在实施内部组织结构创新的过程中应当把搭建网络平台、建设信息系统放在突出位置，通过组织内部客户关系管理（customer relationship management，CRM）、企业资源规划（enterprise resource planning，ERP）、项目管理软件、自动化办公系统等多种管理信息系统的有效整合，在帮助组织实现信息共享的基础上，也为员工提供一个协同工作平台。首先，管理信息系统的应用能够辅助决策，提高组织对合作研发项目管理和决策的科学化水平。管理信息系统能够实现组织合作研发过程中的业务活动、管理活动以及活动产生的信息在组织、部门、个人之间进行及时高效、有序可控、全程共享的沟通和处理，使相关的人员能够有效地获得整体信息，提高整体反应速度，有效解决组织内“信息孤岛”问题。同时，网络化研发项目涉及越来越多的岗位、部门之间的工作协同问题。现有的网络化研发成员一般都存在着大量的诸如公文处理、收发文件、审批、请示、汇报等一些流程化的工作。通过建立信息系统，可以有效规范各项工作，提高组织协同工作效率，极大地减少界面冲突，节省组织管理成本。其次，管理信息系统的应用能够满足组织个性化管理要求。在管理过程中，除了要考虑组织的整体要求，也要考虑组织的个性化要求。信息系统功能的不断扩展和人性化设计的不断加强，支持员工自定义其工作台，员工可根据所从事项目的需求或所在部门的需要以及使用习惯的具体情况将与其工作相关的信息组件放在工作台上，实现真正的人本管理。随着组织规模的不断扩大、合作项目的不断增多，领导与员工、员工与员工间的直接沟通机会将越来越少，因此，组织需要借管理信息系统的建立在组织内构建便于员工相互沟通、增进了解的环境。最后，管理信息系统的应用能够实现组织对知识的有效管理。以往的组织建设往往单纯重视人、财、物这些有形的物质资产管理，而忽视知识资产的管理。信息系统尤其是知识管理工具的应用能够有效帮助组织解决这一问题，而这一工具对网络化研发成员而言意义重大。知识管理工具能将合作研发中产生的知识、信息按权限进行保存、共享和使用，并通过一个较为方便的查找手段来帮助员工系统性利用组织积累的信息资源、专家技能，从而提高组织的创新能力和快速响应能力，提高管理效率和员工的技能素质。此外，在有市场化招聘人员和合作伙伴人员的网络化研发成员内，经常会面临着人员流失、知识外泄的风险，知识管理工具的应用能够有效降低因人员流动造成的知识流失，最大化地保存组织外部人员与本组织内部人员在合作研发中创造的知识，提升组织知识吸收和创新能力。

8.2　引入阶段审核验收环节

阶段审核是指网络化研发成员对其承担的项目按照项目生命周期进行阶段性评审与评价。

阶段性评审主要由专家委员会和项目经理负责完成，关键环节审核需要总经理参与。在网络化研发项目启动阶段，网络化研发成员的总经理、专家委员会、技术创新委员会、项目经理与合作伙伴确认合作研发项目目标、范围等，在此基础上编制合作研发项目进度计划、质量标准、费用预算等项目文件，并以此作为项目启动的依据和项目实施期间及项目完成后的审核标准。在网络化研发项目实施阶段，由专家委员会和项目经理等人员根据合作研发项目的进度情况对项目进行实时跟踪检查，以保证项目能在规定时间内、按照预算成本实现目标，尤其对于实施过程中遇到的困难、有较大变动的合作项目，对其进行中间验收可以使各方合作伙伴进一步了解项目情况，以保证项目顺利完成。在网络化研发项目阶段性收尾部分，项目成功交付下一阶段合作伙伴前，由项目经理、技术创新委员会（必要时包括主导组织）等有关方面对项目工作成果进行审核和接收，并将其作为项目质量检验的最后关口。

项目后评价通常在网络化研发项目结束以后的项目运作阶段进行。由网络化研发成员的专家委员会、技术创新委员会和项目经理对完成项目进行后评价。首先，后评价是参与项目人员的学习过程。后评价是在合作研发项目完成以后，通过对合作研发项目目的、执行过程、效益、作用和影响所进行的全面、系统分析，通过合作研发项目活动实践的检查总结，判断项目预期目标是否达到、合作规划是否有效、项目的主要效益指标是否实现。通过分析评价找出成败原因、总结经验教训，项目的决策者、管理者和建设者学习到更加科学合理的方法和策略，提高决策、管理和建设水平。其次，后评价也是增强项目相关利益主体责任心的重要手段。由于后评价具有透明、公开等特点，通过对项目成绩和失误的主客观原因分析，可以比较公正客观地确定各相关利益主体工作中实际存在的问题，从而推动其进一步提高责任心和工作水平。最后，后评价又是提高投资决策水平的重要手段。通过及时有效的信息反馈，为提高未来新项目的决策水平和管理水平奠定基础，同时也可提出解决项目实施运营中出现问题的改进建议，从而达到提高投资效益的目的。项目后评价的内容主要包括项目竣工验收、项目效益后评价和项目管理后评价。项目效益后评价主要是指项目交付下一阶段合作伙伴前所进行的项目经济效果评价。项目管理后评价是指项目收尾后，对前面（特别是项目实施阶段）的项目管理工作所进行的评价，其目的在于通过对项目实施过程进行分析研究，全面总结合作研发项目管理经验，为今后更好地参与合作研发项目管理提供借鉴和启示。

8.3　完善员工绩效考核体系

只有强化项目绩效管理、发挥广大员工的工作能动性，才能推动网络化研发成员内部组织结构创新。缺少客观的员工绩效评价体系，组织结构创新就不能从根本上改善组织的竞争能力和适应能力。要实现员工个人绩效与合作研发项目绩效的协调一致，就必须建立一个有效的界定和评价绩效的项目绩效管理体系。网络化研发成员必须建立起有效的绩效计划、绩效辅导、绩效考核与绩效反馈指标体系，并能够使之有效运行，这样才能通过提高员工绩效达到改善组织绩效的目的，进而推动组织结构创新。绩效考核是一个不断制订计划（plan）、执行（do）、检查（check）、处理（act）的 PDCA 循环过程，体现在整个绩效管理环节，包括绩效目标设定、绩效要求达成、绩效实施修正、绩效面谈、绩效改进、再制定目标的循环。因此，绩效评价机制也是一个不断完善的过程。

不与利益挂钩的绩效考核是没有意义的，项目团队、成员的工资一般都会分为两个部分，即固定工资和绩效工资。绩效工资的分配与员工的绩效考核得分息息相关。在矩阵式组织结构中，由于员工在参与项目的同时，还要完成其所在部门分配的任务，因此其绩效评价需要由项目经理和部门经理共同完成。在这种情况下，组织可以根据实际情况对项目经理和部门经理给出的考核结果设定不同权重，用二者的加权平均结果来确定绩效工资数额，也可以将绩效工资分为基本绩效奖和项目绩效奖，前者由部门经理完成，后者由项目经理完成，组织内绩效考核机制越完善，越有利于实现合作研发项目目标。对于市场化招聘的专业技术人员，由于其工作主要与合作研发项目直接相关，因此其绩效评价应由项目经理负责实施。同时，由于其工资具有内部保密性，因而可以有效降低组织内其他员工因心理不平衡而与其产生冲突的可能，最大限度地保证研发合作目的的实现。

绩效考核的最终目的是促进组织与员工的共同成长，而并不仅仅是为了利益分配，因此应当通过考核发现问题、改进问题、找到差距并努力缩小差距，最后达到双赢。为了充分发挥绩效考核的激励作用、构筑组织的人力资源优势，组织内可以考虑设置薪酬特区，以对组织内能力突出的员工设置不公开工资或对近几年为组织做出突出贡献的员工进行额外奖励。薪酬特区的设立可以解决那些为组织做出突出贡献却又在短期内难以升职员工的激励问题，帮助组织留住人才。同时薪酬特区面向的对象是对组织有卓越影响的一个或者几个专业人才，这既满足了员工的物质需求，同时也满足了员工的精神需求；不仅如此，薪酬特区的成立也能使各个层面的员工看到前行的动力，帮助组织形成崇尚学习、崇尚知识的良好氛围。

8.4 提升项目经理综合能力

项目经理在网络化研发项目的实施中及网络化研发成员的运营中起着至关重要的作用。由于网络化研发项目具有较高的复杂性和多样性，因此对网络化研发项目的成功管理需要项目经理掌握多方面的能力，包括组建项目团队、解决冲突、技术管理、项目计划、组织管理、资源分配等方面的能力。此外，项目经理还应具备一项关键能力即人事协调能力。通过网络化研发运行的实践，本书对网络化研发成员内的项目经理综合能力提升提出如下建议。

1. 提升冲突处理的能力

纠纷、冲突和矛盾在网络化研发项目实施过程中不可避免。理解冲突产生的原因和冲突可能产生的危害有利于项目经理对冲突的处理。当合作研发项目界面冲突累积到一定程度时，极有可能导致项目决策失误、进度延缓，进而影响到合作研发质量。某些冲突如果处理得当，有利于提高项目管理团队的竞争意识和危机意识。

2. 提升技术能力

网络化研发项目是一种专业性比较强的项目，参与成员投入技术、管理和销售等人力资源的数量和质量不太可能从项目一开始就满足需要，而且来自原多个成员组织的人员相互之间的磨合也需要一个过程。因此，项目经理必须具有一定的技术能力，才能在项目团队中树立起威信，才能在与网络化研发组织中其他项目团队进行沟通协调时游刃有余。

3. 提升计划能力

任何项目在实施之前都必须有计划，特别是对多个成员共同参与的网络化研发项目更是如此。项目计划一般包括进度计划、预算安排、人员配备计划、关键员工安排、资源使用计划和信息流程处理等。由于项目管理范围和深度经常会出现变更，计划应能及时反映变化情况，得到不断修正。项目经理不仅应具有基本的制订、统筹项目计划的能力，还应知晓项目计划变更后涉及的人员以及在组织结构内信息的传递及影响范围等。

4. 加强组织能力

项目管理需要有大局观，只计较一个环节的得失就有可能失去对全局形势的把握。随着合作研发项目越来越复杂，尤其是非技术因素的影响日益增加，项目经理的组织能力对项目的影响是非常关键的；另外，从纯粹技术或业务角度看，项目包含的内容也非常多样，不但要求项目经理具有较强的大局观念，能够考虑整个研发项目的目标和网络化研发组织的顺利运营，还要有很高的组织协调能力，这样才有可能调度各个成员所拥有的各种资源以保证项目的顺利开展。

5. 提高资源分配能力

合作研发项目涉及的管理者一般较多，既有网络化研发组织内部的也有外部的。在成员内部，除项目经理外，还有组织的部门经理、高层主管等。项目经理在资源分配时应与利益相关者进行协商。例如，在矩阵型组织结构中，项目的资金管理和人事调动由不同的职能部门负责。项目经理要根据合作研发规划，制订资源需求计划、合理分配可用资源，控制合作研发项目的成本，保证合作研发项目的进度。

8.5 优化组织内外沟通机制

项目组织是由人员、职位、职责、关系和信息等组织结构要素构成的。人员和职位是两个最基本的要素，是构成组织的“硬件”；职责、关系和信息也是项目组织不可缺少的重要因素，是构成组织的“软件”。信息流是组织机体中的“神经”，如果失去信息沟通和交流，组织就可能“瘫痪”。项目沟通主要是网络化研发成员间、项目团队间以及项目团队成员间信息的传递和理解。项目沟通贯穿于合作研发项目的整个生命周期。例如，在项目概念阶段识别客户需求、明确项目目标等需要沟通，在项目计划阶段制订进度计划、质量计划等需要沟通，在项目实施阶段检查、协调等需要沟通，在项目各阶段的评审、验收等也需要沟通。要科学组织、指挥、协调和控制项目的运行过程，就必须进行有效的信息沟通，这对项目的成功具有重要意义。

完善网络化研发成员间和成员内部的沟通机制具有重要意义。首先，完善的沟通机制是正确决策和计划的基础。网络化研发组织要做出正确的决策，就必须以准确、完整、及时的信息作为基础。通过合作研发项目内外部环境之间的信息沟通，组织有可能获得数量众多、动态变化的信息，从而为决策提供依据。其次，完善的沟通机制是科学组织和控制项目管理过程的依据和手段。在项目团队内部，在情况不明又缺少良好信息沟通的情况下，显然无法实施科学的管理。只有通过信息沟通，掌握项目团队内的各方面情况，才能有效提高项目管理团队的组织效率。再次，完善的沟通机制是建立和改善人际关系必不可少的条件。信息沟通、意见交流将许多独立的个人、团体、组织贯通起来，整合为一体。信息沟通是人的一种重要的心理需要，也是表达思想、表达感情与态度、寻求同情与友谊的重要手段。畅通的信息沟通机制可以减少网络化研发项目参与人、项目团队和参与组织之间的关系。最后，完善的沟通机制是项目经理成功领导的重要保证。网络化研发项目能够成功的重要前提之一就是项目经理能够将其意图准确地传递给团队成员，并要求团队成员正确理解和执行。这就要求组织内部具有完善的沟通机制；否则，就会导致项目混乱甚至失败。完善的沟通机制依赖于恰当的沟通方式。常用的项目沟通方式包括报告、会议、电话、网络、传真、个人交谈与现场管理等。各种方式都有优缺点，如会议便于团队成员提出问题、各抒己见，但是会议也存在着信息一经发布就难以收回或者取消的问题，一旦项目会议发布的是错误消息，就需要付出较大努力才能更正。完善沟通机制、选择恰当的沟通方式有利于网络化研发成员内部组织结构功能的充分发挥，进而直接影响网络化研发项目目标的实现。

第 9 章　研究结论与展望

9.1　研 究 结 论

本书以网络化研发成员的内部组织结构为研究对象，对网络化研发活动情境下的成员组织结构现状进行分析，在此基础上对影响成员组织结构创新的主要影响因素及影响机理进行剖析，进而运用界面管理理论对网络化研发成员的内部组织结构界面进行识别、梳理和分析，设计出网络化研发成员内部组织结构创新形式并对此进行评价，最后提出了网络化研发成员内部组织结构创新的保障措施。本书主要得出了如下几方面的研究结论。

（1）对网络化研发成员内部组织结构创新的影响因素进行了系统梳理和分析，总结归纳出网络化研发成员的网络位置、边界模糊性、战略导向、规模、技术复杂程度、面临的环境、发展阶段及网络化研发组织模式等八个对组织结构创新具有较大影响的因素，并对各个因素进行了系统分析，弥补了现有研究主要集中在网络化研发成员之间关系所导致的对网络化研发成员内在组织结构关注较少的不足，能够为后续的组织结构创新设计及评价奠定研究基础。

（2）对网络化研发成员内部组织结构创新关键影响因素进行了识别，并对关键影响因素的作用机理进行了阐述。在对相关企业进行调研和深度访谈后，结合网络化研发组织的运行实际，从研发项目的视角发现影响网络化研发成员内部组织结构创新的关键因素是网络化研发成员的网络位置、网络化研发组织模式及网络化研发成员的战略导向。针对网络化研发成员中个体和群体在工作任务、行为特征、能力要求及协作关系等方面与一般研发组织的差异，分析网络化研发成员网络位置、网络化研发模式及成员战略导向对其组织结构创新的影响机理。其中，在网络化研发成员网络位置对其组织结构创新的影响机理分析部分，本书在借鉴大量国内外文献和相关理论、进行专家访谈以及调查典型样本的基础上，编制调查问卷，进行正式调查，获得相应的数据，然后利用结构方程模型来检定基于理论所建立的网络化研发成员网络位置对其组织结构创新的影响机理模型。

（3）构建了网络化研发成员内部组织结构界面识别与管理的基本思路。受网络化研发的影响，组织成员内部组织结构的界面数量众多、类型多样，基于网络化研发组织的基本特征，本书从研发项目管理过程视角对网络化研发成员内部组织结构界面成因进行分析并对界面予以分类辨识，进而提出网络化研发成员内部组织结构界面管理应遵循无等级协调原理、跨职能整合原理、跨文化沟通原理、自组织协作原理。

（4）完成了网络化研发成员内部组织结构创新设计并对其进行了评价。本书构建了网络化研发成员内部组织结构创新设计的具体形式，并在此基础上围绕组织结构创新设计存在的优势和局限对其进行了评价。

9.2　研究展望

本书对网络化研发成员内部组织结构创新开展了较为系统的研究，虽然已经取得了一定成果，但仍存在一些有待在后续研究中予以加强的薄弱之处。一是在网络化研发成员组织结构创新关键影响因素及其作用机理的研究中，对网络化研发模式与成员战略导向的作用机理仅做了定性分析，没有通过实证分析加以验证，需要在后续研究中进一步加大数据收集范围、构建机理分析模型并加以验证。二是在提出多种网络化研发成员内部组织结构创新设计形式之后，应当再通过具体实例进行相应的论证，并对实施的具体程序、路径以及可能出现问题的解决方法进行论述。

参 考 文 献

长城企业战略研究所. 1997. 现代企业组织的界面管理[J]. 中国环保产业，（6）：21-23.
陈宝明. 2007. 产业技术联盟：性质、作用与政府支持[J]. 中国科技论坛，（7）：34-37.
陈立敏，谭力文. 2002. 网络经济时代企业的组织结构变化和新型竞争战略[J]. 经济管理，（6）：72-79.
陈怡安，占孙福，李中斌. 2009. 吸收能力、知识整合对组织知识与技术转移绩效的影响——以珠三角地区为实证[J]. 经济管理，（3）：126-132.
程德俊，陶向南. 2001. 知识的分布与组织结构的变革[J]. 南开管理评论，4（3）：28-32.
达夫特 R L. 2014. 组织理论与设计[M]. 第 11 版. 王凤彬，张秀萍，石云鸣，等译. 北京：清华大学出版社.
党兴华，黄继勇. 2004. 技术创新网络的形成机理与组织结构研究[J]. 经济管理，（20）：43-48.
党兴华，刘兰剑. 2006. 跨组织技术创新合作动因的两视角分析[J].科研管理，27（1）：55-61.
党兴华，孙永磊. 2013. 技术创新网络位置对网络惯例的影响研究——以组织间信任为中介变量[J]. 科研管理，34（4）：1-8.
党兴华，刘兰剑，蒋军锋. 2006. 网络环境下合作技术创新界面与信息状态研究[J]. 科学学研究，24（5）：787-790.
刁兆峰，余东方. 2001. 论现代企业中的界面管理[J]. 科技进步与对策，18（5）：85-86.
杜漪，杨晶晶. 2008. 供应链网络组织的界面管理研究[J]. 软科学，22（6）：63-67.
樊霞，赵丹萍，何悦. 2012. 企业产学研合作的创新效率及其影响因素研究[J]. 科研管理，33（2）：33-39.
范兆斌，苏晓艳. 2008. 全球研发网络、吸收能力与创新价值链动态升级[J]. 经济管理，（11）：12-17.
方放，王道平. 2008. 高技术企业协作 R&D 网络的结构特征研究[J]. 湖南大学学报（社会科学版），22（6）：77-81.
符栋良，杨忠直，乔军华. 2014. 利益分配机制对研发网络合作均衡的影响[J]. 工业工程与管理，19（5）：71-75.
傅家骥. 1992. 对技术经济学研究对象的看法[J].工业技术经济，（1）：1-4.
傅家骥. 1998. 技术创新学[M]. 北京：清华大学出版社.

高茜，徐蕾. 2004. 跨国公司网络组织结构与知识流动过程分析[J]. 经济问题探索，(11)：132-133.
高燕翔. 2007. 企业组织结构的演化研究——基于交易费用经济学的分析[J]. 山西财经大学学报，29（3）：68-72.
官建成，张华胜. 2000. R&D 界面协调机制研究[J]. 研究与发展管理，12（6）：1-5.
郭斌，陈劲，许庆瑞. 1997. 企业创新过程中的界面管理[J]. 数量经济技术经济研究，(7)：38-41.
郭韬. 2008. 基于复杂性理论的企业组织创新研究[D]. 哈尔滨工程大学硕士学位论文.
郭晓川. 1998. 企业网络合作化技术创新及其模式比较[J]. 科学管理研究，16（5）：13-17.
华锦阳，张钢. 2000. 试论界面管理发展的三个阶段[J]. 科研管理，21（2）：35-42.
华锦阳，陈劲，许庆瑞. 2000. 企业创新过程中的界面问题成因探析[J]. 科研管理，21（4）：97-104.
黄波，孟卫东，李宇雨. 2012. 研发联盟激励机制设计[M]. 北京：科学出版社.
纪宝成，杨瑞龙. 2003. 经济全球化条件下的中国经济增长[M]. 北京：中国人民大学出版社.
贾平. 2003. 企业动态联盟界面管理研究[J]. 经济与管理，(6)：26-27.
江成山，陈宇科. 2013. 基于吸收能力的纵向合作研发网络构建[J]. 中国流通经济，27(8)：77-81.
江积海，牟小俐，代小春. 2002. 基于模糊综合评判的企业动态组织结构的设计与重购[J]. 系统工程理论与实践，22（7）：41-46，83.
姜楠，罗焕佐. 2003. 基于知识的组织结构模型[J]. 中国管理科学，11（3）：88-93.
李宝山，刘志伟. 1998. 集成管理——高科技时代的管理创新[M]. 北京：中国人民大学出版社.
李春好，杜元伟. 2011. 重大科技项目合作界面网络的整合优化方法[J]. 科研管理，32(10)：89-96.
李春好，杜元伟. 2012. 重大科技项目的关键合作界面识别[J]. 科研管理，33(7)：121-128.
李岱松，孙亮，李建玲，等. 2014. 产业技术联盟构建及运行管理[M]. 北京：科学出版社.
李东红. 2000. 企业组织结构变革的历史、现实与未来[J]. 清华大学学报（哲学社会科学版），(3)：27-33.
李东红. 2002. 企业联盟研发：风险与防范[J]. 中国软科学，(10)：47-50.
李凤莲，马锦生. 2002. 企业技术创新与营销的界面管理[J]. 哈尔滨商业大学学报（自然科学版），18（5）：593-596.
李红玲，钟书华. 2002. 企业技术联盟的公平分配[J]. 华中科技大学学报，16（1）：48-51.
李建玲，孙亮，马欣. 2014. 北京地区产业技术联盟现状及对策分析[J]. 北京社会科学，(1)：77-84.
李立新. 2004. 大型建设项目设计界面的有效管理[J]. 建筑经济，(10)：71-74.
李卫东. 2002. 企业组织结构知识决定因素的一个理论追述[J]. 经济评论，(5)：103-106.
李文博，李长江. 2007. 基于企业知识联盟的界面管理研究[J]. 科技进步与对策，24（12)：152-155.
林山，黄培伦. 2007. 组织结构特性与组织知识创新间关系的实证研究框架[J]. 科学学与科学技术管理，28（7）：22-27.
林志扬. 2003. 从治理结构与组织结构互动的角度看企业的组织变革[J]. 中国工业经济，(2)：77-82.

林志扬，林泉. 2008. 企业组织结构扁平化变革策略探析[J]. 经济管理，(2)：4-9.
刘博，沈菊琴. 2012. 界面及界面管理概念界定[J]. 华东经济管理，26（9）：109-111.
刘常勇，谢洪明. 2003. 企业知识吸收能力的主要影响因素[J]. 科学学研究，21(3)：307-310.
刘洪. 2004. 组织结构变革的复杂适应系统观[J]. 南开管理评论，7（3）：51-56.
刘慧，吴晓波. 2003. 虚拟 R&D 联盟：新产品研发的新模式[J]. 科学学与科学技术管理，(5):62-64.
刘学，庄乾志. 1998.合作创新的风险分摊与利益分配[J]. 科研管理，19（5）：31-35.
刘洋，魏江，江诗松.2013.后发企业如何进行创新追赶？——研发网络边界拓展的视角[J]. 管理世界，(3)：96-110，188.
卢燕，汤建影，黄瑞华. 2006. 合作研发伙伴选择影响因素的实证研究[J]. 研究与发展管理，18（1）：52-58.
罗炜，唐元虎. 2000. 国内外合作创新研究述评[J]. 科学管理研究，(4)：14-19.
马宁. 2013. 网络化研发组织成员网络位置对其组织结构创新的影响研究[D]. 吉林财经大学硕士学位论文.
马如飞. 2011. 企业研发组织模式选择——基于交易成本理论和资源基础理论的实证检验[J]. 科学学与科学技术管理，32（1）：152-158.
明茨伯格 H，阿尔斯特兰德 B，兰佩尔 Y. 2001. 战略历程：纵览战略管理学派[M]. 刘瑞红，徐佳宾，郭武文译. 北京：机械工业出版社.
彭伟，符正平，李铭. 2012. 网络位置、知识获取与中小企业绩效关系研究[J]. 财经论丛，(2)：98-103.
彭展声. 2007. 合作研发伙伴选择的模糊多属性决策[J]. 科技管理研究，27（2）：149-151.
钱德勒 A D. 2002. 战略与结构[M]. 昆明：云南人民出版社.
钱锡红，杨永福，徐万里. 2010. 企业网络位置、吸收能力与创新绩效——一个交互效应模型[J]. 管理世界，(5)：118-129.
任浩，刘石兰. 2005. 基于战略的组织结构设计[J]. 科学学与科学技术管理，26(8)：123-126.
任荣. 2009. 基于战略联盟生命周期的企业合作创新动态管理[M]. 北京：经济科学出版社.
沙振权，周飞. 2013. 企业网络能力对集群间企业合作绩效的影响研究[J]. 管理评论，25（6）：95-103.
沈运红，王恒山. 2007. 国内外网络组织研究及其新进展[J]. 科学进步与新对策，24（3）：198-200.
石秀，刘建昌，江燕. 2014. 重大科技工程组织界面协同影响因素研究[J]. 科技管理研究，(23)：179-184.
宋晶，陈菊红，孙永磊，等. 2015. 网络能力与合作创新绩效的关系研究——文化异质性的作用[J]. 管理评论，27（2）：37-44，121.
宋晶，陈菊红，孙永磊.2013.核心企业领导风格、组织间信任与合作创新绩效的关系研究[J]. 中国科技论坛，(11)：73-78.
田雪莲. 2012. BOT 项目界面管理关键影响因素分析[C]. 海峡两岸地震工程青年学者研讨会.
完颜绍华，许庆瑞. 2001. 基于整合的组织创新研究[J]. 科研管理，22（1）：86-91.
王安宇，司春林. 2007. 联盟型虚拟研发组织形式及其本质特征[J]. 中国科技论坛，(1)：106-109.
王安宇，司春林，骆品亮. 2005. 关系契约与合作研发绩效[J]. 经济管理，(19)：13-15.
王海花，谢富纪. 2012. 企业外部知识网络能力的结构测量——基于结构洞理论的研究[J].

中国工业经济，（7）：134-146.
王辉. 2012. 企业网络能力与吸收能力互动及对产品创新价值链的影响研究[D]. 天津大学博士学位论文.
王建民. 2003. 企业管理创新理论与实务[M]. 北京：中国人民大学出版社.
王京安，刘丹. 2013. 企业间合作创新绩效的影响因素及机理——基于社会网络视角的理论分析[J]. 南京工业大学学报（社会科学版），12（4）：89-97.
王满仓，闫奕荣. 1999. 柔性组织：企业组织结构的战略性创新[J]. 西北大学学报（哲学社会科学版），（3）：57-61.
王润良，郑晓齐，孙建平. 2001. 技术复杂性及其对组织结构的影响[J]. 科学学研究，19（3）：29-33.
王树恩，李卉妍，吴健林，等. 2009. 企业技术创新界面障碍及整合管理研究[J]. 科学管理研究，27（3）：21-24.
王毅，郭斌，许庄瑞，等. 1999. 研究开发组织管理新趋势：全球网络化[J]. 科研管理，20（2）：74-78.
王宇露，李元旭. 2009. 海外子公司东道国网络结构与网络学习效果——网络学习方式是调节变量吗[J]. 南开管理评论，12（3）：142-151.
韦影. 2007. 企业社会资本与技术创新：基于吸收能力的实证研究[J]. 中国工业经济，（9）：119-127.
魏江，王铜安，陆江平. 2009. 知识密集型服务企业创新组织结构特征及其与创新绩效关系实证研究[J]. 管理工程学报，23（3）：103-110.
魏立新. 1999. 知识经济时代的组织结构创新[J]. 经济体制改革，（1）：12-14.
吴贵生，李纪珍，孙议政. 2000. 技术创新网络和技术外包[J]. 科研管理，21（4）：33-43.
吴绍波，强海涛. 2010. 基于知识流动的知识链组织之间创新界面管理研究[J]. 情报杂志，29（11）：150-153.
吴绍棠，李燕萍. 2014. 产学研合作衍生的人才开发模式及比较研究——基于界面管理视角[J]. 科技进步与对策，（3）：144-148.
吴涛，海峰，李必强. 2003. 界面和管理界面分析[J]. 管理科学，16（1）：6-10.
吴伟浩，吴伯田，许庆瑞. 1999. 企业组织结构创新的历程和规律[J]. 科学管理研究，（6）：1-4.
吴晓波，郑健壮. 2003. 企业集群技术创新环境与主要模式的研究[J]. 研究与发展管理，（2）：1-5.
吴晓波，陈颖. 2010. 基于吸收能力的研发模式选择的实证研究[J]. 科学学研究，28（11）：1722-1730.
吴学峰. 1997. 从策划营销战略到改革产权制度——长城企业战略研究所的一次咨询活动[J]. 科学学与科学技术管理，（11）：41-44.
谢晖，段万春，孙永河. 2014. 基于和谐管理理论的创新团队管理[J]. 华东经济管理，28（7）：142-146.
解学梅，左蕾蕾. 2013. 企业协同创新网络特征与创新绩效：基于知识吸收能力的中介效应研究[J]. 南开管理评论，16（3）：47-56.
徐丰伟. 2012. 企业创新界面有效性研究综述[J]. 科学管理研究，32（12）：200-205.
徐金发，许强，王勇. 2001. 企业的网络能力剖析[J]. 外国经济与管理，23（11）：21-25.
徐磊. 2002. 如何建立有效的界面——关于技术创新界面管理的探讨[J]. 科研管理，23（2）：

79-83.
徐勇，邱兵. 2011. 网络位置与吸收能力对企业绩效的影响研究[J]. 中山大学学报（社会科学版），51（3）：199-208.
许成磊，段万春，谢晖，等. 2013. 基于界面管理的创新团队和谐管理实现机制研究[J]. 科技进步与对策，30（17）：25-28.
许慧敏，付贵，刘铭嘉. 2006. 企业动态联盟中的界面管理研究[J]. 科技进步与对策，23(6)：64-65.
许庆瑞，贾福辉，谢章澍，等. 2003. 基于全面创新管理的全员创新[J]. 科学学研究，21(s1)：252-256.
薛澜，刘冰，陶海青. 2005. 基于知识的企业组织结构演化的模型分析[J]. 清华大学学报(哲学社会科学版)，(4)：73-80.
杨东奇，张春宁，徐影，等. 2012. 企业研发联盟伙伴选择影响因素及其对联盟绩效的作用分析[J].中国科技论坛，5（5）：116-122.
杨慧，宋华明，刘小斌. 2011. 全过程界面管理视阈下新兴产业发展政策研究——鉴于美、日、西欧等发达国家经验[J]. 科学学研究，29（5）：677-684.
于斌，苏东海，周冲. 2009. 快速成长企业的组织结构特征分析[J]. 生产力研究，(11)：172-174，185.
于成永，施建军. 2009. 外部学习、技术创新与企业绩效：机制和路径——基于苏浙沪等地制造企业的实证研究[J]. 经济管理，(1)：117-125.
余光胜. 2000. 一种全新的企业理论（下）：企业知识理论[J]. 外国经济与管理，22（3）：10-13.
余佳群，王晓辉. 2008. 我国企业研发联盟产生的动因分析[J]. 辽宁工业大学学报（社会科学版），10（5）：31-33.
曾海燕. 2015. 新型科技研发组织网络能力与资源整合研究[J]. 科技进步与对策，(2)：14-19.
章琰. 2003. 大学技术转移中的界面及其移动分析[J]. 科学学研究，21（z1）：25-29.
赵玉林. 2004. 高技术产业化的界面管理[J]. 武汉理工大学学报，26（3）：100-102.
郑慕强，徐宗玲. 2009. 中小企业外部网络、吸收能力与技术创新[J]. 经济管理，(11)：71-78.
周珺，徐寅峰. 2002. 企业间合作研发的发展趋势与动机分析[J]. 重庆大学学报（社会科学版），8（5）：27-29.
周密，赵西萍，司训练. 2009. 团队成员网络中心性、网络信任对知识转移成效的影响研究[J]. 科学学研究，27（9）：1384-1392.
朱启超，陈英武，匡兴华. 2005. 复杂项目界面风险管理模型研究[J]. 科研管理，26（6）：149-156.
朱秀梅，陈琛，蔡莉. 2010. 网络能力、资源获取与新企业绩效关系实证研究[J]. 管理科学学报，13（4）：44-56.
庄涛，吴洪，胡春. 2015. 高技术产业产学研合作创新效率及其影响因素研究——基于三螺旋视角[J]. 财贸研究，(1)：55-60.
首藤信彦.1993. グロ-バリゼ-ションと国際的企業間協力-5-国際戦略提携を超えて[J]. World Economic Review，37（8）：23-30.
Achrol R S. 1991. Evolution of the marketing organization：new forms for turbulent environments[J]. Journal of Marketing，55（4）：77-93.

Ackoff R L. 1989. The circular organization: an update[J]. The Academy of Management Executive (1987-1989), 3 (1): 11-16.

Anand B N, Khanna T. 2000. The structure of licensing contracts[J]. Journal of Industrial Economics, 48 (1): 103-135.

Bai Y, O'Brien G C. 2008. The strategic motives behind firm's engagement in cooperative research and development[J]. Journal of Modelling in Management, 3 (2): 162-181.

Barczak G. 1995. New product strategy, structure, process, and performance in telecommunications industry[J]. Product Innovation. Management. 12 (3): 224- 234

Bartlett C A, Ghoshal S. 1995. Changing the role of management[J]. Harvard Business Review, 73 (1): 86-96.

Bastos P. 2001. Inter-firm collaboration and learning: the case of the Japanese automobile Industry[J]. Asia Pacific Journal of Management, 18 (4): 423-441.

Baumol W J, Williamson O E. 1986. The economic instiutions of capitalism[J]. Rand Journal of Economics, 17 (2): 279-292.

Bayona C, Garcia-Marco T, Huerta E. 2001. Firm's motivation for cooperative R&D: an empirical analysis of Spanish firms[J]. Reaearch Policy, 30 (8): 1289-1307.

Beer M, Nohria N. 2000a. Breaking the Code of Change[M]. Cambridge: Harvard Business Press.

Beer M, Nohria N. 2000b. Resolving the tension between theories E and O of change[A]//Beer M, Nohria N. Breaking the Code of Change[C]. Boston: Harvard Business School Press: 1-34.

Belderbos R, Carree M, Lokshin B. 2004. Cooperative R&D and firm performance[J]. Research Policy, 33 (10): 1477-1492.

Benassi M, Greve A, Harkova J. 1999. Looking for a network organization: the case of GESTO[J]. Journal of Market-Focused Management, 4: 205-229.

Berkowitz B A, Roberts R, Oleske D A, et al. 1991. External linkages and innovation in small and medium-sized enterprises[J]. R & D Management, 21 (2): 125-138.

Blau P M. 1974. Recruiting faculty and students[J]. Sociology of Education, 47 (1): 93.

Bloch A, Krob D, Ng S F. 2005. Modeling commercial processes and customer behaviors to estimate the diffusion rate of new products[J]. Journal of Systems Science and Systems Engineering, 14 (4): 436-453.

Blumstein P, Kollock P. 1988. Personal relationships[J]. Annual Review of Sociology, 14: 467-490.

Boer M D, van den Bosch F A J, Volberda H. 1999. Managing organizational knowledge integration in the emerging multimedia complex[J]. Journal of Management Studies, 36 (3): 379-398.

Bower G H, Hilgard E R.1981.Theories of Learning[M]. Englewood Cliffs: Prentice Hall.

Bradach J L, Eccles R G. 1989. Price, authority and trust: from ideal types to plural forms[J]. Annual Review of Sociology, 15 (1): 97-118.

Brockhoff K, Hauschildt J. 1993. Schnittstellen management koordination ohne hierarchie[J]. Zeitschrift Fuchrung and Organisation, 62: 396-403.

Buckley P J, Casson M A. 1988. A theory of cooperation in international business[J]. Management International Review, Special Issue: 19-38.

Burns T, Stalker G M. 1961. The Management of Innovation[M]. London: Tavistock Publications.

Burns T, Stalker G M. 1994. The Management of Innovation[M].Oxford: Oxford University Press.

Burt R S. 1991. Measuring age as a structural concept[J]. Social Networks, 13 (1): 1-34.

Burt R S. 1992. The social structure of competition[J]. Economic Journal, 42 (22): 7060-7066.

Burt R S. 2000. The network structure of social capital[J]. Research in Organizational Behavior, 22: 345-423.

Cagliesi G M, Tivegna M. 2006. Rationality, behavior and switching idiosyncracies in the Euro-Dollar exchange rate[R].Greenwich Papers in Political Economy.

Cantner U, Graf H. 2006. The network of innovators in Jena: an application of social network analysis[J]. Research Policy, 35 (4): 463-480.

Cassiman B, Veugelers R. 2002. R&D cooperation and spillovers: some empirical evidence from Belgium[J]. American Economic Review, 92 (4): 1169-1184.

Chandler A D.1962.Strategy and Structure: Chapters in the History of the American Industrial Enterprise[M].Cambridge: MIT Press.

Cheesbrough M J, Williamson D M, Erythema G R. 1985. A stage in the resolution of pityriasis rubra pilaris?[J]. Clinical & Experimental Dermatology, 10 (5): 466-471.

Child J. 1972. Organization structure and strategies of control: a replication of the Aston study[J]. Administrative Science Quarterly, 17 (2): 163-177.

Child J, Rodrigues S B. 2011.How organizations engage with external complexity: a political action perspective[J]. Organization Studies, 32 (6): 803-824.

Clark T, Pugh D S, Mallory G. 1997. The process of internationalization in the operating firm [J]. International Business Review, 6 (6): 605-623.

Cohen W M, Levinthal D A. 2000. Absorptive capacity: a new perspective on learning and innovation[J]. Administrative Science Quarterly, 35 (1): 39-67.

Cohen W M, Nelson R R, Walsh J P. 2002.Links and impacts: the influence of public research on industrial R&D[J]. Management Science, 48 (1): 1-23.

Coupasson D, Gaillard J M. 1991. La collaboration R&D /marketing: une approche empirique de la notion d' equipe projet[J]. Gestion 2000, 5: 90-93.

Cowan R, Jonard N. 2004. Network structure and the diffusion of knowledge[J].Journal of Economic Dynamics &Control, 28 (8): 1557-1575.

Crossan M M, Apaydin M. 2010. A multi-dimensional framework of organizational innovation: a systematic review of the literature[J]. Journal of Management Studies, 47(6): 1154-1191.

Cui C C, Ball D F, Coyne J. 2010. Working effectively in strategic alliances through managerial fit between partners: some evidence from Sino-British joint ventures and the implications for R&D professionals[J]. R&D Management, 32 (4): 343-357.

Dacin M T, Oliver C, Roy J P. 2007. The legitimacy of strategic alliances: an institutional perspective[J]. Strategic Management Journal, 28 (2): 169-187.

Daft R.L. 1995. Organization Theory and Design[M]. 5th ed. St. Paul: West Publishing Company.

Daft R L. 2012. Organization Theory and Design[M]. 11th ed. Chong qing South-Western College Publishing.

Damanpour F. 1991. Organizational innovation: a meta-analysis of effects of determinants and moderators[J]. Academy of Management Journal, 34 (3): 555-590.

Das T K, Rahman N. 2001. Partner misbehavior in strategic alliances: guidelines for effective deterrence[J]. Journal of General Management, 27 (1): 43-70.

Decourcy J. 2007. Research joint and international competitiveness: evedence from the national cooperative Act[J]. Economics of Innoation&New Technology, 16 (1): 51-65.

Dhanasai C, Parkhe A. 2006. Orchestrating innovation networks[J]. Academy of Management Review, 31 (3): 659-669.

Dinneen G P. 1988. R&D consortia: are they working[J]. Research and Development, 30: 62-66.

Dobrev S D, Kim T Y, Carroll G R. 2002. The evolution of organizational niches: U.S. automobile manufacturers, 1885-1981[J]. Administrative Science Quarterly, 47 (2): 233-264.

Dodgson M, Rothwell R. 1991. Technology strategies in small firms[J]. Journal of General Management, 17 (1): 45-55.

Drucker P F. 1993. Post-Capitalist Society[M]. New York: Harper Business.

Ducan R, Weiss A. 1979. Organizational learning: implications for organization design[J]. Research in Organizational Behavior, 1: 345-350.

Easterby-Smith M, Lyles M A, Tsang E W K.2008. Inter-organizational knowledge transfer: current themes and future prospects[J]. Journal of Management Studies, 45 (4): 677-690.

Emden Z, Calantone R J, Droge C. 2006. Collaborating for new product development: selecting the partner with maximum potential to create value[J]. Journal of Product Innovation Management, 23 (4): 330-341.

Escribano A, Fosfuri A, Tribó J A. 2009. Managing external knowledge flows: the moderating role of absorptive capacity[J]. Research Policy, 38 (1): 96-105.

Etzkowitz H, Leydesdorff L. 2000. The dynamics of innovation: from National Systems and "Mode 2" to a Triple Helix of university-industry-government relations[J]. Research Policy, 29 (2): 109-123.

Fontana R, Geuna A, Matt M. 2006. Factors affecting university-industry R&D projects: the importance of searching, screening and signalling[J]. Research Policy, 35 (2): 309-323.

Friedkin N. 1980. A test of structural features of Granovetter's strength of weak ties theory[J]. Social Networks, 2: 411-442.

Ganesan S.1994.Determinants of long-term orientation in buyer-seller relationships[J].Journal of Marketing, 58 (2): 1-19.

Gans J S, Stern S. 2003. The product market and the market for "ideas": commercialization strategies for technology entrepreneurs[J]. Research Policy, 32 (2): 333-350.

Giuri P, Hagedoorn J, Mariani M. 2002. Technological diversification and strategic alliances[J]. LEM Papers, 2 (4): 551-574.

Goyal S, Joshi S. 2003. Networks of collaboration in oligopoly[J].Games and Economic Behavior, 43 (1): 57-85.

Goyal S, Moraga-González J L. 2001.R&D networks[J]. Rand Journal of Economics, 32 (4): 686-707.

Granovetter M S. 1973 .The strength of weak ties[J]. American Journal of Sociology, 78 (6): 1360-1380.

Grant R M, Baden-Fuller C. 2004. A knowledge accessing theory of strategic alliances[J]. Journal of Management Studies, 41 (1): 61-84.

Griffith R, Redding S, Reenen J V. 2004. Mapping the two faces of R&D: productivity growth in a panel of OECD industries[J]. Review of Economics & Statistics, 86 (4): 883-895.

Gugler K, Siebert K.2007.Market power versus efficiency effects of mergers and research joint ventures: evidence from the semiconductor industry[J]. Review of Economics & Statistics, 89 (4): 645-659.

Gulati R. 1995. Does familiarity breed trust? The implications of repeated ties for contractual choice in alliances[J]. Academy of Management Journal, 38 (1): 85-112.

Gulati R, Puranam P. 2009. Renewal through reorganization: the value of inconsistencies between formal and informal organization[J]. Organization Science, 20 (2): 422-440.

Gulati R, Sytch M. 2007. Dependence asymmetry and jount dependence in interorganizational relationships: effects of embeddedness on a manufacturer's performance in procurement relationships[J]. Administrative Science Quarterly, 52 (1): 32-69.

Gulati R, Wang L O. 2003. Size of the pie and share of the pie: implications of network embeddedness and business relatedness for value creation and value aporopriation in joint ventures[J]. Research in the Sociology of Organizations, 20: 209-242.

Gupta A K, Covindarajan V. 2000. Kownledge flows within multinational corporations[J]. Strategic Management Journal, 21 (4): 437-496.

Hage F, Aiken M. 1967. Relationship of centralization to other structural properties[J]. Administrative Science Quarterly, (1): 72-92.

Hagedoorn J, Link A N, Vonortas N S. 2000. Research partnerships[J]. Research Policy, 29(4): 567-586.

Hagedoorn J, Roijakkers N, Kranenburg H V. 2006. Inter-firm R&D networks: the importance of strategic network capabilities for high-tech partnership formation[J]. British Journal of Management, 17 (1): 39-53.

Hall B H, Ziedonis R H. 2007. An empirical analysis of patent litigation in the semiconductor industry[C]. American Economic Association Annual Meeting: 1-30.

Hall R H. 2004. Organizations: Structures, Processes, and Outcomes[M]. 8th ed. Englewood Cliffs: Prentice Hall.

Hansen M T. 1999. The search-transfer problem: the role of weak ties in sharing knowledge across organization subunits[J]. Administrative Science Quarterly, 44 (1): 82-111.

Hoang H, Rothaermel F T. 2005. The effect of general and partner-specific alliance experience on joint R&D project performance[J]. Academy of Management Journal, 48 (2): 332-345.

Hottenrott H, Lopesbento C. 2014. Quantity or quality? Knowledge alliances and their effects on patenting[J]. Industrial & Corporate Change, 24 (5): 981-1011.

Inkpen A C, Beamish P W. 1997. Knowledge, bargaining power, and the instability of international joint ventures[J]. Academy of Management Review, 22 (1): 177-202.

Jensen M C, Meckling W H. 1995. Specific and general knowledge and organizational structure [J]. Journal of Applied Corporate Finance, 8 (2): 4-18.

Kim L. 1997. Immitation to Innovation: The Dynamics of Korea's Technological Learning[M]. Boston: Harvard Business School Press.

Kim L, Utterback J M. 1983. The evolution of organizational structure and technology in a developing country[J]. Management Science, 29 (10): 1185-1197.

Kim Y S, Yamazawa I, Park W H. 1998. Economic of the triad conflict and cooperation among the United States, Japan and Korea[R]. Korea Institute for International Economic Policy.

Koka B R, Prescott J E. 2008. Designing alliance networks: the influence of network position, environmental change, and strategy on firm performance[J]. Strategic Management Journal, 29 (6): 639-661.

König M D, Battiston S, Napoletano M, et al. 2011. Recombinant knowledge and the evolution of innovation networks[J]. Journal of Economic Behavior & Organization, 79(3): 145-164.

Koufteros X A, Vonderembse M A, Doll W J. 1998. Developing measures of time-based manufacturing[J]. Journal of Operations Management, 16 (1): 21-41.

Laursen K, Salter A. 2004. Searching high and low: what types of firms use universities as a source of innovation?[J]. Druid Working Papers, 33 (8): 1201-1215.

Lawrence P R, Lorsch J W. 1967. Differentiation and integration in complex organizations[J]. Administrative Science Quarterly, 12 (1): 1-47.

Levin D Z, Cross R. 2004. The strength of weak ties you can trust: the mediating role of trust in effective knowledge transfer[J]. Management Science, 50 (11): 1477-1490.

López A. 2008. Determinants of R&D cooperation: evidence from Spanish manufacturing firms[J]. International Journal of Industrial Organization, 26 (1): 113-136.

Lou J D. 2005. Particularistic trust and general trust: a network analysis in Chinese organizations[J]. Management and Organization Review, 1 (3): 437-458.

Lyles M A, Salk J E. 1996. Knowledge acquisition from foreign parents in international joint ventures: an empirical examination in the Hungarian context[J]. Journal of International Business Studies, 27 (5): 877-903.

Marsden P V, Campbell K E. 1984. Measuring tie-strength[J]. Social Forces, 63: 482-501.

Massini S, Lewin A Y, Numagami T, et al. 2002. The evolution of organizational routines among large western and Japanese firms [J]. Research Policy, 31 (8~9): 1333-1348.

Mathews K M, White M C, Soper B, et al. 1998. Association of indicators and predictors of tie-strength[J]. Psychological Reports, 83: 1459-1469.

Mayer K J, Argyres N S. 2004. Learning to contract: evidence from the personal computer industry[J]. Organization Science, 15 (4): 394-410.

Mazzanti M, Pini P, Tortia E. 2006. Organizational innovations, human resources and firm performance: the Emilia-Romagna food sector[J]. Journal of Socio-Economics, 35 (1): 123-141.

Mazzanti M, Zoboli R. 2006. Economic instruments and induced innovation: the European policies on end-of-life vehicles[J]. Ecological Economics, 58 (2): 318-337.

McEvily B, Zaheer A. 1999. Bridging ties: a sourceof firm heterogeneity in competitive capabilities[J]. Strategic Management Journal, 20 (12): 1133-1156.

Meagher K, Rogers M. 2004. Network density and R&D spillovers[J]. Journal of Economic Behavior &Organization, 53: 237-260.

Meijaard J, Brand M J, Mosselman M. 2005. Organizational structure and performance in Dutch small firms[J]. Small Business Economics, 25（1）: 83-96.

Merchant H, Dan S. 2000. How do international joint ventures create shareholder value?[J]. Strategic Management Journal, 21（7）: 723-737.

Meschi P X.1997. Longevity and cultural differences of international joint ventures: toward time-based cultural management[J]. Human Relations, 50（2）: 211-228.

Miller D. 1986. Configurations of strategy and structure: towards a synthesis[J]. Strategy Management Journal, 7（3）: 233-249.

Miller D, Dröge C. 1986. Psychological and traditional determinants of structure[J]. Administrative Science Quarterly, 31（4）: 539-560.

Minbaeva D B, Michailova S. 2004. Knowledge transfer and expatriation in multinational corporations: the role of disseminative capacity[J]. Employee Relations, 26（6）: 663-679.

Mintzberg H. 1979. Structuring of organizations[J]. Chemische Berichte, 1979, 130（5）: 621-631.

Mintzberg H. 1979. The Structure of Organization[M]. Englewood Cliffs: Prentice Hall.

Mintzberg H. 1993. The pitfalls of strategic planning[J]. California Management Review, 36（1）: 32-47.

Miotti L, Sachwald F. 2003. Cooperative R&D: why and with whom?: An integrated framework of analysis[J]. Research Policy, 32（8）: 1481-1499.

Mitchell J C. 1987. The components of strong ties among homeless women[J]. Social Networks, 9（1）: 37-47.

Mohnen P, Hoareau C. 2003. What type of enterprise forges close links with universities and government labs?[J]. Managerial & Decision Economics, 24（2~3）: 133-145.

Möller K, Svahn S. 2006. Role of knowledge in value creation in business nets[J]. Journal of Management Studies, 43（5）: 985-1007.

Moore J F. 1993. Predators and prey: a new ecology of competition[J]. Harvard Business Review, 71（3）: 75-86.

Mothe C, Queilin B V. 2001. Resource creation and partnership in R&D cosortia[J]. Journal of High Technology Management Research, 12（1）: 113-138.

Negassi S. 2004. R&D Cooperation and innovation a microeconometric study on French firms [J]. Research Policy, 33（3）: 365-384.

O'Reilly C A, Chatman J, Caldwell D F. 1991. People and organizational culture: a profile comparison approach to assessing person-organization fit[J]. Academy of Management Journal, 34（3）: 487-516.

Ohmae K. 1989. Managing in a borderless world[J]. Harvard Business Review, 67（3）: 152-161.

Penin J. 2005. Patents versus ex post rewards: a new look[J]. Research Policy, 34（5）: 641-656.

Perlman D, Fehr B. 1987. The development of intimate relationship[A]//Duck P S. Intimate relationships[C]. Newbury Park: Sage.

Powell W W, Koput K W, Smith-Doerr L. 1996. Inter-organizational collaboration and the locus of innovation: networks of learning in biotechnology[J]. Administrative Science Quarterly, 41（1）: 116-145.

Prahalad C K, Doz Y L. 1987. The Multinational Mission[M]. New York: Free Press.

Pugh D S, Hickson D J, Hinings C R, et al. 1968. Dimensions of organization structure[J]. Administrative Science Quartery, 13（1）: 65-105.

Pye L W, Lasserre P, Schutte H. 1995. Strategies for Asia Pacific[J]. Journal of Asian Studies, 55（4）: 970.

Reagans R, McEvily B. 2003. Network structure and knowledge transfer: the effects of cohesion and range[J]. Administrative Science Quarterly, 48（2）: 240.

Robbins S P. 1983. Organizati on Theory: Structure, Design, and Applications[M]. Englew ood Cliffs: Prentice Hall.

Robbins S P , Judge T A.2008. Organizational Behavior[M]. 12th ed. 北京：清华大学出版社.

Sala A, Landoni P, Verganti R. 2011. R&D networks: an evaluation framework[J]. International Journal of Technology Management, 53（1）: 19-43.

Salman N, Saives A L. 2005. Indirect networks: an intangible resource for biotechnology innovation[J]. R&D Management, 35（2）: 203-215.

Sampson R C. 2007. R&D alliances and firm performance: the impact of technological diversity and alliance organization on innovation[J]. Academy of Management Journal, 50（2）: 364-386.

Simon H A. 1993. Strategy and organizational evolution[J]. Strategic Management Journal, 14（S2）: 131-142.

Soekijad M, Andriessen E. 2003. Conditions for knowledge sharing in competitive alliances[J]. European Management Journal, 21（5）: 578-587.

Sternberg R, Arndt O. 2001. The firm or the region: what determines the innovation behavior of european firms? [J]. Economic Geography, 77（4）: 364-382.

Teece J D. 1992. Competition, cooperation, andinnovation: organizational arrangements for regimes of rapid technological progress[J]. Journal of Economic Behavior and Organization, 18: 1-25.

Tether J D, Bruce S. 2002. Who cooperates for innovation, and why: an empirical analysis[J]. Research Policy, 31（6）: 947-967.

Tsai K H. 2009. Collaborative networks and product innovation performance: toward a contingency perspective[J]. Research Policy, 38（5）: 765-778.

Tsai W. 2001. Knowledge transfer in intraorganizational networks: effects of network position and absorptive capacity on business unit innovation and performance[J]. Academy of Management Journal, 44（5）: 996-1004.

Turner H A, Woodward J. 1970. Industrial organization: behaviour and control[J]. Economic Journal, 80（320）: 970.

Uzzi B. 1996. The Sources and consequences of embeddedness for the economic performance of organizations: the network effect[J]. American Sociological Review, 61（4）: 674-698.

van den Bosch, F. A. J., Volberda H W, de Boer M. 1999. Coevolution of firm absorptive capacity and knowledge environment: organization forms and combinative capabilities[J]. Organization Science, 10（5）: 551-568.

Verheul I, Wennekers S, Audretsch D, et al. 2002. An eclectic theory, of entrepreneurship: policies, institutions and culture[A]//Audretsch D B, Thurik R, Verheul I, et al. Entrepreneurship: Determinants and Policy in a European-US Comparison[C]. New York: Springer

US Pub：11-81.

Victor J D. 2005. Analyzing receptive fields，classification images and functional images：challenges with opportunities for synergy[J]. Nature Neuroscience，8（12）：1651-1656.

Wellman B. 1982. Studying personal communities[A]//Marsden P V，Lin N. Social Structure and Network Analysis[C]. Beverly Hills：Sage：61-88.

Wellman B，Wortley S. 1990. Different strokes from different folks：community ties and social support[J]. The American Journal of Sociology，96：558-589.

Williamson O E. 1985. The Economic Institutions of Capitalism：Firms Markets，Relational Contracting[M].New York：The Free Press.

Woodward J. 1980. Developmental explanation[J]. Synthese，44（3）：443-466.

Wuyts S，Geyskens I. 2005. The formation of buyer-supplier relationships：detailed contrac[J]. Journal of Marketing，69（4）：103-117.

Yli-Renko H，Autio E，Sapienza H J. 2001. Social capital、knowledge acquisition and competitive advantage in technology-based young firms[J]. Strategic Management Journal，32（5）：134-145.

Yoon E，Hinchey B. 1996.An exploratory analysis of interface management and innovate-ion-market performance[J]. U. Ed. Bua，7：96-100.

Zaheer A，Bell G G. 2005. Benefiting from network position：firm capabilities，structural hole，and performance[J]. Strategic Management Journal，26（9）：809-825.

Zahra S A，George G. 2002. Absorptive capacity：a review，reconceptualization，and extension[J]. Academy of Management Review，27（2）：185-203.

Zollo M，Reuer J J，Singh H. 2002. Interorganizational routines and performance in strategic alliances[J]. Organization Science，13（6）：701-713.